SAPEURS POMPIERS

AU DÉBUT, IL Y EUT LE FEU

ÉVOCATIONS

SAPEURS
AU DÉBUT, IL Y EUT LE FEU
POMPIERS

PATRICK DALMAZ

ES
Editions
Sutton

DANJONS
GIMAEX
CR-529-MV

Sommaire

17

Avant-propos

Cet ouvrage est un itinéraire à suivre. Il explore à travers les couloirs du temps les voies tracées par les hommes et les collectivités pour aboutir à l'organisation des services d'incendie et de secours d'aujourd'hui. C'est pourquoi, alors que tant de travaux sont consacrés au quotidien des sapeurs-pompiers par le texte et l'image, ces pages retracent l'aventure de pionniers qui ont montré le chemin. Les publications traitant des missions des services d'incendie et de secours et les reportages télévisuels s'attachant à dépeindre le quotidien des sapeurs-pompiers d'aujourd'hui abondent. Les sapeurs-pompiers, nos contemporains, ne sont plus à cheval sur deux époques. La complexité et la précision des tâches qui leur incombent les classent à la pointe de la modernité. Un service départemental d'incendie et de secours supervise et coordonne la hiérarchisation des corps. Il répond à un schéma d'analyse et de couverture des risques en ne perdant jamais de vue que, sur chaque intervention, c'est l'équipe la mieux pourvue, acheminée dans les meilleurs délais et au moindre coût pour la collectivité. Secours routiers, nautiques ou en montagne, inondations, recherches de personnes disparues, sauvetages d'animaux, feux de forêts, protection de l'environnement, interventions en cas de catastrophes naturelles ou technologiques, on ne compte plus la variété des missions. Des médecins, pharmaciens, vétérinaires, psychologues, hommes et femmes, soutiennent au quotidien l'accomplissement de ces tâches.

C'est le long et persévérant chemin qui a conduit aux pompiers du XXIe siècle que nous analyserons ici. Ce sont les étapes de la construction d'un métier que nous explorerons, laissant à d'autres le soin de réaliser le reportage des missions contemporaines.

Bénéficiant d'une popularité rarement démentie, vantés pour leur courage et leur dévouement, les pompiers font partie de notre quotidien. Mais on ne sait, en réalité, que peu de chose de ce métier qui incarne aux yeux de beaucoup l'altruisme le plus noble. 80 % d'entre eux sont des volontaires qui assurent 70 % des interventions. La plupart sont d'origine populaire. Pour eux, le dévouement et l'esprit de corps ne sont pas de vaines valeurs.

Dans l'imaginaire collectif, le pompier est un combattant du feu et un secouriste des situations d'urgence. En réalité, ces cas de figure sont de nos jours devenus minoritaires. En effet, dans 80 % des cas, les pompiers portent secours aux victimes des maux de l'âme, aux problèmes psychologiques, aux

FPTSR
CSP CHINON
GIMAEX

SAPEURS-POMPIERS
CHER

dépressifs, aux suicidaires, aux solitaires, aux exclus, aux populations précarisées... Leur rôle ? Porter secours, répondre à tout type de détresse sans porter le moindre jugement, en exerçant pléthore de finesses psychologiques sans jamais avoir étudié la psychologie. L'image d'Épinal du pompier viril, chevalier en armes face aux grandes catastrophes n'est que l'illustration d'une tradition « à la française » qui fait des soldats du feu des héros.

Il faut savoir que 80 % des pompiers sont des volontaires, indemnisés à la vacation. On ne s'engage pas comme pompier volontaire pour l'argent, mais par vocation, par altruisme. Heureusement pour l'État et les collectivités territoriales dont les budgets ne résisteraient pas à la juste rémunération des quelque 240 000 pompiers volontaires et professionnels. Non, notre société n'est pas devenue un repaire d'individualistes !

Et pourtant, depuis les émeutes des banlieues en 2005, les sapeurs-pompiers sont mis à mal. Le fossé ne cesse de se creuser entre les pompiers et la jeunesse des quartiers défavorisés. Le monde des sapeurs-pompiers crée du lien social, mais il se compose essentiellement de jeunes hommes issus de milieux populaires ou de classes moyennes. Peu de sapeurs-pompiers sont issus de l'immigration et beaucoup d'entre eux ont été normalement scolarisés. Ils sont considérés comme des représentants de la puissance publique, voire à tort des forces de l'ordre. Les camions et les intervenants sont victimes de jets de projectiles, de caillassages. Pourtant assaillants et assaillis n'ont-ils pas en commun le côté viril, guerrier, la dévotion au groupe ? Créer des passerelles pour faciliter les échanges ? Là encore, il faudrait des volontaires et ils n'ont que peu de temps à y consacrer. C'est une politique globale et des moyens qui pourraient ouvrir des perspectives moins sombres.

Notre particularisme est d'ailleurs mal compris par les homologues étrangers. En effet, Américains et Canadiens sont des professionnels, combattants du feu qui laissent aux *paramedics* les interventions de secours à la personne. Passer de l'incendie au secours auprès d'un sans domicile fixe est en dehors de leur schéma professionnel ! La polyvalence est née de l'histoire des services d'incendie et de secours en France.

Il y a une cinquantaine d'années, l'image des pompiers était encore précise et bien marquée. La voiture de pompier était le jouet favori des petits garçons. De nos jours, les médias déroulent le feuilleton estival des feux de forêts, s'attardent à coups de communiqués sur les attentats et le pompier est dilué dans le foisonnement des services de sécurité, militaires, CRS, policiers, Samu ou pilotes de Canadair. Les reportages plongent le téléspectateur dans le quotidien des pompiers de Paris ou Marseille, exemples singuliers et pourtant réducteurs de militaires exerçant en milieu urbain selon des règles héritées de l'armée.

Les pompiers appartiennent à l'histoire économique et technique de lutte contre le feu, mais ils appartiennent surtout à l'histoire sociale, à celle des communautés d'autrefois. L'organisation des secours nous renvoie à l'histoire des capacités d'organisation locale dans la France provinciale. Ce que les pompiers modernes ont gagné en efficacité, ils l'ont perdu en pittoresque.

Revisiter l'histoire des sapeurs-pompiers de France procède d'un choix qui place l'homme au centre du cercle. Les événements, les progrès technologiques et les textes réglementaires sont périphériques. Selon les périodes historiques, les sapeurs-pompiers, issus de la Garde nationale, armés, sont à surveiller, à encadrer et à considérer comme

La une du Petit Journal *attestant que les agressions contre les pompiers ne datent pas d'hier.*

Autopompe de fabrication lyonnaise Mieusset, modèle 1914, de la compagnie d'Oyonnax, équipée d'un moteur Mieusset (2 CV, 4 cylindres, 3 vitesses), d'une pompe à 2 cylindres et 1000 l/min, de 2 dévidoirs mobiles. Fabrication lyonnaise Mieusset.

une force d'intervention, mais aussi, durant certaines périodes, comme une menace pour l'ordre public. Bien disciplinés, surveillés, ils forment l'ossature des escouades militaires mobilisables. Plus tard, l'État aura recours à leur nombre et à leur disponibilité pour leur confier des missions de maintien de l'ordre. Cette ambiguïté jamais levée avant les lendemains de la Seconde Guerre mondiale créera des situations équivoques.

C'est à travers l'exemple de catastrophes parfois oubliées que nous illustrerons le rôle prépondérant des sapeurs-pompiers. Aimés, adulés même, les compagnies rurales, exemples d'une parfaite intégration au tissu social, ne seront exemptes ni de caricatures, ni de moqueries et quolibets inversement proportionnels à la pression opérationnelle. Être volontaire dans sa commune relève d'un devoir incontestable incombant à tout homme valide. Encore fallait-il que l'activité ne se résume pas à l'application d'improvisations de bonnes volontés sous les yeux des foules avides de sensationnel et promptes à se mêler aux soldats du feu. C'est tout cela que nos voisins appelaient « les pomplards à la française ». Aujourd'hui, l'organisation départementale a confirmé les efforts de formation et a transformé l'homme à tout faire de la collectivité en un technicien du risque envié par tous nos partenaires.

Mais avant, on ne peut pas faire l'économie des textes officiels fondateurs qui ont très tôt donné à l'activité des sapeurs-pompiers une charpente visible et suffisamment consistante pour que l'édifice perdure et se réforme positivement. Malgré le manque de lisibilité des initiatives diffuses et spontanées en milieu rural ou l'apparente complexité des mises en œuvre des politiques de sécurité en milieu urbain, l'arsenal législatif fut un recours rassurant.

La chaîne des seaux dans un village du massif du Bugey dans l'Ain. En règle générale, la chaîne montante des seaux pleins est assurée par les hommes et la chaîne descendante des seaux par les femmes et les enfants.

La guerre du feu

Une stratégie et un arsenal législatif

Jusqu'en 1790
En cas d'incendie, criez « au feu »... et improvisez !

Les villes, les entrepôts maritimes ou fluviaux, les greniers à céréales, les récoltes de paille ou de foin et toutes les constructions de bois étaient les cibles privilégiées des assaillants, des criminels ou des caprices météorologiques. Durant tout l'Ancien Régime, l'improvisation céda le plus souvent à l'organisation. Une ordonnance royale de Louis IX, en 1254, organisa dans le royaume le guet des « mestiers contre les inconvénients du feu ». Il fut exigé des hommes de l'art (artisans du bois et du bâtiment) de se mettre au service de la lutte contre le feu. La maîtrise de la construction exigeait la connaissance des arcanes de l'architecture et permettait ainsi de procéder à des destructions préventives et judicieuses laissant la « part du feu » en sauvegardant les environs. En 1352, Amédée VI de Savoie ordonne de scinder la ville de Bourg-en-Bresse en quartiers ou pennons, sous la responsabilité d'un syndic chargé de la sécurité.

Charles VII, depuis Bourges, s'insurge contre *« l'incendie qui met dans l'âme des bandits des lueurs joyeuses. Les craquements sinistres, les femmes éplorées sont pour eux des distractions guerrières. Ils incendient pour le plaisir... »* À la même époque, Henri V d'Angleterre n'osait-il pas proclamer que *« guerres sans feux ne sont qu'andouilles sans moutarde ! »* Malgré toutes les mesures coercitives installant des guets bourgeois ou des métiers dans les villes, le feu est un ennemi tapi et prêt à bondir.

Louis XI, en 1472, fit par un arrêt royal obligation aux ribaudes, les prostituées, de porter les seaux vers le feu. On retrouve leurs traces à Amiens, à Montbéliard ou à Bourg-en-Bresse et, à chaque fois, sous la conduite et protection du bourreau. C'est à ce prix que leur commerce galant a été toléré.

Mus par une vocation charitable et l'espoir d'une rédemption autant que par l'intérêt, les religieux font aussi partie des cohortes bravant le feu et portant les seaux. Les dominicains, frères prêcheurs, devenus jacobins, les cordeliers, les capucins risquent leur vie pour la communauté des frères du Christ. En contrepartie, autorisation leur était donnée d'ouvrir des bâtiments conventuels au cœur des villes.

L'interminable chaîne des seaux a prévalu en ville jusqu'à la fin du XVIIIe siècle et à la campagne jusqu'à l'orée du XXe siècle. Encore fallait-il que l'eau ne manquât point et que la population fût en assez grand nombre pour assurer la chaîne montante et la chaîne descendante. Dès le XVe siècle, ce sont des marchands genevois qui approvisionnaient en seaux légers faits de toile ou de peaux de mouton les communautés rhône-alpines. Les Allemands réimportaient ces produits de Scandinavie, ce qui est un marqueur important des circuits commerciaux de l'époque.

Les premières pompes à bras apparurent à Douai au début du XVIIe siècle. Composées d'un baquet transportable et d'une lance rigide, elles ont été adoptées à Strasbourg, puis à Paris en 1670 et généralisées par Du Périer, valet de Molière. Il fut félicité d'avoir sauvé le palais des Tuileries en 1711, puis l'hôpital Saint-Denis et l'église du Petit-Saint-Antoine. En 1722, 60 gardiens ont été affectés à la surveillance de ces engins. Le laquais de Molière a introduit le premier corps de gardes-pompes.

Une ordonnance royale du 11 mars 1733 instaura la gratuité des secours dans tout le royaume. Metz, Lyon, Rouen, Orléans, Bayonne, Avignon, Nîmes et Amiens organisèrent à leur tour un corps de gardes-pompes, mais il n'y avait toujours pas d'uniformisation de l'organisation de la lutte contre le feu dans le royaume.

1790-1815

LES PREMIERS TEXTES FONDATEURS

Ces textes officiels portent les germes d'une organisation rationnelle dans un contexte troublé par les événements révolutionnaires et une remise en question de la structure de la société française.

La loi du 16-24 août 1790 concernant l'organisation judiciaire comporte un titre XI qui confie à l'autorité municipale *« le soin de prévenir par des précautions convenables* [...] *les secours nécessaires contre les fléaux calamiteux tels que les incendies* [...] *»*. Cette responsabilité conférée à l'autorité municipale ne sera réaffirmée que par la loi du 5 avril 1884, puis codifiée dans le Code des communes.

Des commissions d'indemnisation ont fonctionné dans l'Ain de 1790 à 1795, procédant à des coupes de bois mises à disposition des sinistrés. Malgré tout, une circulaire de 1804 adressée aux préfets faisait part de l'inquiétude du gouvernement face aux désastres causés par les incendies et préconisait la création de compagnies de pompiers, même dans les communes rurales les plus modestes.

La circulaire de Montesquiou, ministre de l'Intérieur de Louis XVIII, du 6 février 1815, donna consigne aux préfets de rédiger un mémoire sur l'organisation des corps de pompiers communaux. Ces dispositions fondamentales et obligatoires devaient être inscrites dans les règlements locaux. Les pompiers sont désignés par les maires. Les sous-officiers et officiers sont nommés par le préfet sur des critères d'allégeance au pouvoir central.

Les hommes du rang sont nommés en fonction de leurs aptitudes dans la pratique des métaux, du bois, du

Les premiers tuyaux d'acheminement de l'eau étaient en cuir de vache riveté.

Faute de matériel approprié et à usage exclusif, les communautés rurales se sont empressées d'adapter l'outillage du quotidien. De gauche à droite : tonneau à lisier sur affût de charrette (milieu du XIXe siècle) ; brouette-pompe provenant du musée de Thoiry dans l'Ain (début du XXe siècle) ; cuvier-pompe aspersoir de Hauteville dans l'Ain (XVIIIe siècle.) ; pompe à bras sur châssis de char à bancs (fin XVIIIe-début XXe siècle) du Musée des sapeurs-pompiers du Grand Lyon, provenant de Vancia, hameau de Miribel dans l'Ain.

cuir, des bâtiments, mais aussi de leur probité. L'accès aux femmes est interdit.

L'application de cette réforme ne fut ni universelle ni complète, d'autant que le 20 mars, Louis XVIII a quitté la capitale sous la pression du retour de Napoléon Ier de l'île d'Elbe !

1815-1870
Aux armes, soldats du feu !

Tout le cérémonial militaire qui entourait les pompiers français a pris naissance dans les rangs de la Garde nationale créée par La Fayette au lendemain des événements du 14 juillet 1789.

Il a fallu attendre la révolution de 1830 pour que l'armée citoyenne se réveille. Le prestige de la Garde nationale était si grand que les pompiers des villes et des villages y souhaitaient leur intégration. Le service de la Garde nationale était obligatoire pour tous les Français de 20 à 60 ans, mais tous n'étaient pas tenus d'être pompiers. Cette dualité encombrante ne disparaîtra qu'à la dissolution de la Garde nationale le 25 août 1871. Entre-temps, le prince-président Louis Napoléon Bonaparte, futur Napoléon III, la supprima le 11 janvier 1852 par crainte d'un soulèvement du peuple armé. Seuls sont maintenus les corps de pompiers, utiles et fidèles, mais… ils rechigneront à rendre leurs armes !

Les pompiers étaient incontestablement reconnus comme utiles à la nation. Il n'en reste pas moins qu'ils détenaient des armes à domicile, ce qui provoqua crainte et appréhension. Seront-ils versés sous l'autorité du ministre de la Guerre ? La question se posera. Tous ne seront pas volontaires s'ils doivent déposer les armes.

Le capitaine des pompiers de Saint-Quentin résuma bien l'opinion de ses hommes lorsqu'il écrivit en 1855 :

« *Il n'est point fait aux corps de sapeurs-pompiers une position qui excite l'homme intelligent et dévoué, l'ouvrier agricole et intrépide, dont le travail est souvent nécessaire à plus d'une existence, à prendre place dans leurs rangs.* »

Le cas particulier du recrutement des chefs de corps

Deux critères s'imposèrent durant cette période de mise en place des structures : le niveau de fortune et l'aptitude au commandement hérité du grade militaire. Dans le cadre familier de la commune, l'ascendant social facilitait l'ascendant moral : « *Cet homme n'est qu'un sabotier, mais il a servi honorablement pendant dix-sept ans et s'est retiré avec le grade de lieutenant-vaguemestre* », déclarait en 1817 le préfet de Seine-et-Marne. À partir de 1851, les enquêtes de moralité ou portant sur les sympathies politiques augmentèrent de façon importante. Le 15 mars 1853, le sous-préfet de Trévoux (Ain) écrivit au préfet de l'Ain à propos de la réorganisation de la compagnie de Montluel : « *Montluel est un centre remuant et difficile. Il n'y a pas de commissaire de police et la gendarmerie est dépréciée… Le candidat a toujours fait cause commune avec les réactionnaires…* »

Fusils et sabres d'infanterie, armes de la Garde nationale, ont fait la fierté des premières compagnies locales de pompiers. Ici, panoplie de fusils à piston, à platine, à percussion, vers 1860, glaives modèle 1831, sabres Briquet ou d'infanterie. Fusils Chassepot à aiguille de 1866, Gras à cartouche métallique à percussion centrale de 1874.

1870-1914

L'âge d'or des compagnies de sapeurs-pompiers

Le 15 août 1870, les Prussiens sont à Strasbourg. Sous la canonnade, la population prête main-forte aux sapeurs-pompiers décimés. Le 28 septembre, la reddition est signée. À Paris commença l'aventure de la Commune et, le 25 mars 1871, le corps de sapeurs-pompiers a été dissous comme corps militaire et reconstitué sous le nom de corps civil des pompiers de la commune de Paris. Le 24 mai éclatèrent les premiers incendies dans la plus extrême confusion. Paris brûle. C'est la semaine sanglante.

Les pompiers favorables à la Commune n'intervinrent pas. Thiers appela en renfort les soldats du feu de banlieue et de province. Près de 6 000 hommes tentèrent souvent en vain de converger vers Paris ou se trouvèrent livrés à eux-mêmes sans commandement ni connaissance du terrain. Certains repartiront d'eux-mêmes dans leur province ! Le 25 août 1871, la Garde nationale fut supprimée. Par crainte du tarissement des engagements, les pompiers furent autorisés à conserver leurs armes à la seule condition qu'elles soient exhibées après autorisation de l'autorité militaire. Le ministre de la Guerre les abandonna bien volontiers.

Le 27 décembre 1872, à Versailles, le ministre de l'Intérieur ordonna le recensement de toutes les armes détenues par les pompiers. L'émoi fut grand. On craignait un rattachement à l'autorité militaire. Les pompiers refusèrent de rendre les armes ! Les uns les cachèrent, d'autres en déclarèrent la perte ou la destruction ou prirent le maquis lors des visites de gendarmerie ! Le temps était venu de légiférer, afin de mettre de l'ordre dans les esprits flétris par cette sale guerre.

Le décret organique du 29 décembre 1875 affirma la mission principale des pompiers, à savoir la lutte contre le feu. Les hommes devaient souscrire un engagement quinquennal en contrepartie de quoi les communes s'engageaient à subvenir aux dépenses afférentes à l'entretien du matériel. Le maintien des armes, même sans cartouches, exerçait une séduction suffisante pour que le recrutement ne se tarisse pas, comme on aurait pu le craindre.

Le décret du 10 novembre 1903 réaffirma les fondements de 1875. C'est dans un climat de contestation, de palabres, d'interminables discussions que furent entretenus les germes de la dissidence politique née du décret du 18 avril 1914. En effet, un paragraphe anodin portant sur l'obligation communale de fournir les tenues de feu mettra le feu aux poudres quand, après réquisition pour équiper d'urgence les Poilus, l'État s'avérera incapable de dédommager les communes.

L'état d'esprit de tout un pan de la société a changé. Les tranchées ont absorbé les forces vives de la nation. Certains villages n'ont plus de pompiers, tous morts au feu. Seuls les vétérans assurent la permanence et à quoi bon respecter un État qui ne tient pas ses engagements ?

1920-1940

Des croix de bois à la défense passive

Le décret du 13 août 1925 désarma définitivement les pompiers. L'engagement des communes fut porté à 15 ans. L'indifférence a prévalu. On entra dans la France des veuves et des monuments aux morts. L'élan donné aux sapeurs-pompiers depuis un siècle s'était émoussé. Il n'était plus question de calquer l'organisation sur celle des unités militaires. Les pompiers étaient désabusés, relativement âgés et peu enclins à se réfugier derrière les valeurs du drapeau.

En 1938, le chef de corps de Lyon, sous les premières menaces d'un probable nouveau conflit, était catégorique : « *Pompiers de province, nous ne connaissons pas notre métier, il n'y a ni statut, ni école pour nous. Quant au matériel, il est si disparate que c'est une honte et un péril national.* » Dès 1939, on se persuada que les bombardements aériens étaient une fatalité, alors que la population ne croyait pas à l'invasion. La défense passive n'était guère considérée et l'admettre, c'était attendre la guerre. S'exercer à porter des masques à gaz, se terrer dans des abris, dérangeait et inquiétait. Avoir déplacé les compagnies de pompiers hors des zones à risques fut une erreur coupable. La débâcle et l'exode virent quantité d'engins de sapeurs-pompiers abandonnés au bord des chemins et plus tard récupérés par les corps ruraux.

Le toit des véhicules d'incendie et de secours est peint en noir, afin d'échapper à la vigilance des observateurs aériens ennemis.

Le feu est un tueur

Les catastrophes, accélérateurs de réformes

Le choix est malaisé, ardu, délicat et pourtant il a fallu sélectionner quelques-unes des tragédies qui ont endeuillé le pays. Il n'a fallu retenir que celles qui ont suffisamment remué le peuple de France pour que les pouvoirs publics s'émeuvent et entament une réflexion concrète. Une place particulière sera réservée à l'origine de la brigade des sapeurs-pompiers de Paris et au bataillon des marins-pompiers de Marseille, personnels sous statut militaire.

4 mai 1897
Le Bazar de la Charité devenu le bûcher des innocents

Installé dans un terrain vague de la rue Jean Goujon à Paris, le Bazar de la Charité était un ensemble précaire destiné à la vente d'objets divers au profit d'œuvres de bienfaisance. Le Tout-Paris s'y pressait tant les décors étaient attrayants. Une rue du vieux Paris était reconstituée, un cinématographe, véritable attraction, attirait les curieux, des auberges et même un hôtel voisinaient avec les échoppes. Des femmes du monde, grâce à leurs achats, soulageaient la misère des plus démunis.

Ce 4 mai 1897, tout à coup, des témoins observèrent des vapeurs s'échapper de la toiture et en un instant celle-ci s'embrasa comme un paquet d'allumettes. La panique gagna les visiteurs qui s'agglutinèrent aux sorties, furent piétinés, étouffés. Le baron Reille raconta que dix fenêtres étaient restées fermées. La mousseline des robes des femmes du monde s'embrasa. Des torches vivantes roulaient sur le pavé. Les pompiers de Paris arrivèrent en même temps que la toiture s'écroulait sur les prisonniers du brasier. Ils ne noieront que des décombres et des corps informes, calcinés. Cent cinquante victimes furent difficilement identifiables. Le cinématographe aurait provoqué une étincelle.

La sœur de l'impératrice Sissi, la duchesse d'Alençon, épouse du petit-fils de Louis-Philippe, périt avec 125 membres du gotha parisien. L'émotion était à son comble.

Dans son supplément du 5 mai 1897, *La Diplomatie* a titré *« Appel à la charité internationale »* et surtout

LES CADAVRES RETIRÉS DES DÉCOMBRES

imposa *« la construction d'un bazar permanent de la charité présentant toutes les conditions de sécurité qui entourent les palais projetés pour l'exposition universelle de 1900. »*

10 août 1903

Le métro a dévoré une centaine de victimes

Le métropolitain parisien fut inauguré le 19 juillet 1900. La première ligne, Porte de Vincennes-Porte Maillot, connut dès son lancement des difficultés de distribution électrique et de signalisation mal maîtrisées.

Le 10 août 1903, vers 19 heures, le conducteur des huit voitures en bois de la ligne 2, Porte Dauphine-Barbès,

constata une fumée s'échappant du plancher de la motrice avant. Par sécurité, il fit descendre les voyageurs, renonça à stopper à la station Couronnes et poursuivit jusqu'à Ménilmontant, où là, une explosion, entraînée par une série de courts-circuits, provoqua l'embrasement général de la rame. L'éclairage fut brusquement interrompu. Une foule considérable était sur le quai, prisonnière de la fumée et des flammes. La confusion précéda la panique dans l'obscurité. Couronnes et Ménilmontant n'étaient qu'un immense brasier. Les sapeurs-pompiers de Paris se frayèrent difficilement un passage pour porter vainement secours à 84 victimes. C'est toute la conception du réseau, la formation des conducteurs et l'autorité de tutelle du métropolitain qui devaient être revues de toute urgence.

LA NUIT DU 12 AU 13 NOVEMBRE 1930
LE GLISSEMENT DE TERRAIN DE FOURVIÈRE À LYON

À 0 h 55, la colline de Fourvière, haut lieu de l'occupation romaine, siège de l'antique Lugdunum, minée par des galeries souterraines, vestiges de carrières, vient de glisser. Avec elle, des immeubles d'habitation sont entraînés. Des fuites d'eau importantes rongent le sous-sol. Pendant que les premiers sauveteurs s'affairent à dégager une trentaine de victimes, un second éboulement se produit, ensevelissant 19 sapeurs-pompiers de Lyon, renforcés par ceux de Vienne et de Saint-Étienne.

Cette catastrophe a particulièrement marqué les mémoires des pompiers lyonnais dont on peut voir les casques martyrisés exposés au musée des Sapeurs-Pompiers de Lyon.

La colline de Fourvière fut renforcée avec du béton armé. Quarante mille tonnes de terre ont été enlevées et une fontaine d'agrément captant les eaux d'infiltration a remplacé les îlots d'habitation. Un service spécialisé dans la surveillance et l'entretien des balmes, galeries ou carrières antiques a été organisé au sein des pompiers de Lyon.

Il y avait urgence à étayer les immeubles restés encore debout. (© Le Progrès)

La municipalité lyonnaise est venue constater l'étendue de la catastrophe et rencontrer les sauveteurs. (© Le Progrès)

C'est à cet emplacement qu'une fontaine cascade, encore en service aujourd'hui, recueillera les eaux d'infiltration. (© Le Progrès)

LA CATASTROPHE DE FEYZIN
LA PREMIÈRE CATASTROPHE INDUSTRIELLE EN FRANCE

Le 4 janvier 1966, à 7 h 19, le téléphoniste du quartier central de Lyon a reçu un appel pour un feu à la raffinerie de Feyzin, au sud de l'agglomération lyonnaise dans ce qui deviendra « le couloir de la chimie ».

La tragédie a débuté à 6 h 40. Suite à une mauvaise manipulation, une importante fuite de gaz, projeté avec violence, brûla un opérateur. Le technicien lâcha sa clé de manœuvre. Une grande nappe de gaz se dirigea vers l'autoroute toute proche. Une voiture de passage s'arrêta et enflamma le propane. L'implacable enchaînement était enclenché. Une sphère de propane s'enflamma. Ce fut aussitôt un enfer. Tous les soldats du feu s'arc-boutaient sur leurs lances. Des renforts arrivèrent de Vienne. Soudain, à 8 h 45, une gigantesque explosion déchira l'air. Une mer de feu submergea les pompiers.

Le corps de Lyon perdit 7 hommes ; celui de Vienne, 4 ; l'entreprise Rhodiaceta, son ingénieur de sécurité ; la raffinerie, 2 employés ; les entreprises extérieures, 4 ouvriers. Au total, 18 hommes. À ce triste bilan, il faut ajouter 90 blessés. Certains pompiers lyonnais ne reprirent leur service que trois ans plus tard.

La France venait de vivre la première catastrophe industrielle de son histoire.

Le colonel Bernard Janvier, ancien président de la Fédération nationale des sapeurs-pompiers français et chef de corps des pompiers du Grand-Lyon, a rappelé cet épisode lors du 30e anniversaire de la catastrophe :

« Le 4 janvier 1966. Il est 7 h 19. Les lampes s'éclairent dans les appartements des casernes de Gerland et du central. L'adjudant René Heyraud embrasse son fils qui part à l'école et rejoint son fourgon… Il rejoint le "couloir de la chimie". Les secours de Gerland sont déjà engagés sous la direction de l'adjudant Prévost… Une gigantesque flamme gronde sous la sphère 443. Les pompiers de Lyon sont impressionnés par ce feu d'une nature nouvelle… À 8 h 45, une énorme explosion déchire l'air, un océan de flammes submerge les sauveteurs… Les stations de radio nationales et périphériques diffusent l'annonce de la catastrophe… Plusieurs heures sont nécessaires pour visiter les nombreux établissements hospitaliers de Lyon et de sa région… Cette somme de souffrance a marqué toute la vie des 90 rescapés, dont certains n'ont repris leur service que trois années plus tard… »

Il termine par ces réflexions : *« Le 4 janvier 1966, des sapeurs-pompiers passaient de la fonction de sauveteurs à l'état de victimes. La frontière est ténue. L'industrialisation des années 1960 se poursuivant à un rythme très rapide, le souci de production l'emportait sur la logique de prévention. Les événements nous rappelaient, ô combien brutalement, que les progrès scientifiques doivent être mis au service de l'homme… »*

Un dramatique procès va s'ouvrir le 16 février 1970. Quels faits sont reprochés et quelles inculpations en découlent ?

Les deux directeurs de la raffinerie sont accusés d'avoir négligé l'installation de dispositif de confinement de gaz à l'intérieur du site, la conception du contrôle périphérique aux sphères, l'affectation de techniciens compétents, des contacts préventifs avec les services extérieurs. Quant au commandant Pierret, responsable des secours, son inculpation reposa sur l'absence de préparation des opérations de lutte contre l'incendie et un mauvais commandement. Ces accusations d'une extrême gravité ont bouleversé l'opinion. On entra, avec

Le feu meurtrier s'est propagé à l'ensemble des installations. (© Le Progrès)

Feyzin, de plain-pied dans un processus de médiatisation d'une société sécuritaire. Une page s'était tournée. Bien que l'opinion soit remuée par les images atroces de la catastrophe, par les inculpations des pompiers, elle attendait une démarche de recherche de responsables de la part de la justice.

Les sapeurs-pompiers défendent les citoyens, la justice aussi. Dans l'esprit des populations, il n'y a pas d'ambiguïté.

Tout laisse à penser qu'aujourd'hui un tel procès ne connaîtrait pas le même déroulement, car le législateur a, entre-temps, ôté toute ambiguïté dans la définition de l'autorité hiérarchique, de la stratégie et du commandement. Le 25 mars 1971, l'arrêt de la Cour d'appel relaxait le commandant Pierret. Le procès de Feyzin a mis en exergue tout le champ du droit des personnes et victimes de catastrophes, des assurances, de l'environnement et de la technologie.

Un hommage doit être rendu au professeur Colson et à son équipe qui ont déployé un savoir-faire et une compétence hors du commun, afin de soulager les grands brûlés qui ont afflué ce jour de janvier 1966 dans leur service. Certains grands brûlés se souviennent de dialogues surréalistes avec le professeur Colson :

– Docteur, j'ai mal !
– C'est normal, ça cicatrise bien.
– Docteur, ça pue trop !
– Tant mieux. La matière est encore vivante.
– Docteur, il y a des asticots dans la plaie !
– Formidable. Les chairs sont en bon état. Tu es sauvé !

Et c'est ainsi que, grâce à ces sapeurs-pompiers, cobayes malgré eux, Lyon est devenu référence en matière de traitement des grands brûlés.

1er novembre 1970
À Saint-Laurent-du-Pont, la mort a fermé le bal

Le 1er novembre 1970, un effroyable incendie anéantissait le dancing Le 5-7, situé à l'entrée de Saint-Laurent-du-Pont au pied du massif de la Chartreuse, non loin de Grenoble. Près de 200 jeunes gens vibraient aux rythmes des Storm, un groupe parisien.

À 1 h 45, la fête bascula. L'incendie se propagea à une vitesse inouïe aux décors en polyuréthane, dégageant un gaz asphyxiant. Une pluie de matières plastiques en fusion s'abattit sur les danseurs. Les issues de secours sont fermées, condamnées pour décourager les resquilleurs. Tous se heurtèrent aux tourniquets.

Les sapeurs-pompiers de Saint-Laurent-du-Pont, prévenus tardivement en l'absence de téléphone, ne purent que constater qu'il n'y avait aucun survivant. Ils attendirent le lever du jour pour extraire les corps calcinés, informes, méconnaissables. La salle des fêtes fut convertie en chapelle ardente. On dénombra 146 victimes. Neuf ne furent jamais identifiées.

Un pompier témoigne : *« L'oubli est impossible. On a établi deux lances sur camion et on a arrosé le tourniquet. Il y avait peu de flammes. Tous ces corps entrelacés, c'était insoutenable. Tous étaient méconnaissables. Il fallait enlever tout ce qui pouvait les identifier, puis on les a mis dans des cercueils. J'en ai vissé tout l'après-midi. »* Un mémorial a été érigé sur place le 13 juin 1976.

Ce drame a hâté la rédaction de règlements portant sur les autorisations d'ouverture des établissements recevant du public.

Un officier du service d'incendie et de secours de Savoie, responsable de la prévention, témoigne : *« C'est sûr, on n'est pas les bienvenus quand on débarque pour donner une autorisation ou non d'exploitation. Aujourd'hui, ma lubie, ce sont les issues de secours. Elles doivent être largement visibles, signalées et bien sûr ouvertes. Mon obsession est d'épargner des vies. J'ai beaucoup réfléchi sur le cas du 5-7. La réglementation était assez bien ficelée, mais les contrôles ne suivaient pas. Aujourd'hui, on en tomberait des nues : permis de construire modifié, chaudière d'occasion puisant de l'air dans un conduit en contreplaqué, portillons cadenassés, portes de secours bloquées. Les maires sont de plus en plus alertés et vigilants, mais les discothèques sont un monde à part. La consommation de produits alcoolisés ou stupéfiants et les animations souvent délirantes accroissent les risques. Les soirées mousse nous préoccupent eu égard aux risques d'asphyxie ou de court-circuit. »*

Un mémorial a été dressé en 1976 sur l'emplacement du dancing Le 5-7. (© Le Progrès)

1811

L'inattendue militarisation des pompiers parisiens

Dans la nuit du 1er au 2 juillet 1810, l'ambassade d'Autriche fut la proie des flammes. Le prince de Schwartzenberg donnait une fête somptueuse en l'honneur du récent mariage de l'empereur Napoléon Ier et de l'archiduchesse Marie-Louise d'Autriche. Des ornements de tissu avaient été ajoutés, une galerie de danse de structure légère augmentait la surface des lieux qui pouvaient accueillir près de 2000 invités. Soudain, la flamme d'une bougie atteignit les tentures d'une croisée. Ce fut le début d'une tragédie qui allait marquer à jamais l'administration des secours de la ville de Paris.

Le feu, alimenté par les matériaux rajoutés, se propagea à une vitesse vertigineuse, emprisonnant les convives, paniqués, suffocants et agglutinés près des issues obstruées. L'empereur emmena son épouse en lieu sûr.

La princesse Pauline, belle-sœur de l'empereur, mourut, partie à la recherche de ses filles qui avaient réussi à prendre la fuite. De nombreux dignitaires et leurs épouses furent gravement atteints. Beaucoup perdirent leurs somptueuses parures et bijoux de valeur. Le bruit courut que les sauveteurs accourus ne seraient pas étrangers à ces disparitions...

La réaction de l'Empereur fut immédiate. Par décret du 10 juillet 1810, signé à Rambouillet, il destitua le commandant des gardes-pompes de Paris, absent au moment des faits, en villégiature à la campagne.

Parmi les causes essentielles du terrible bilan, on releva que les pompiers n'avaient pas été immédiatement admis à l'intérieur, que la foule massée aux entrées empêcha leur accès, enfin que le corps non militaire n'avait que très imparfaitement exécuté les ordres.

L'enquête diligentée par le ministre de l'Intérieur, Montalivet, révéla que le matériel n'avait fait aucun progrès depuis 1801, que les chefs étaient trop âgés, ni prompts, ni agiles, ni écoutés. La réplique impériale fut autoritaire.

Vers 1880, un imposant départ au feu à travers les rues de la capitale.

Au milieu de la confusion générale, Napoléon Bonaparte va mettre en sécurité Marie-Louise, son épouse.

Le décret du 18 avril 1811 mit en place une organisation militaire qui prit le nom de « bataillon de sapeurs-pompiers ». Le bataillon était soumis au règlement des troupes d'infanterie et l'uniforme fut celui des troupes du génie. De gardes-pompes, les pompiers devinrent sapeurs, munis du fusil à baïonnette, de la hache et de la pioche. Militaires par leur organisation et leur discipline, ils furent placés sous l'autorité du ministre de l'Intérieur ! Quel panachage !

En 1821, par ordonnance royale, ils passèrent sous l'autorité militaire et furent, entre autres, chargés du maintien de l'ordre public. Et c'est le 27 avril 1850 que la militarisation fut achevée. Le bataillon fut intégré à l'armée d'active et placé exclusivement sous l'autorité du ministre de la Guerre. Il devint régiment par décret du 5 décembre 1866. Son odyssée militaire ne faisait que commencer.

Le 1er juillet 1870, la France se mobilisa. Cinq cents sapeurs-pompiers du régiment rejoignirent l'armée du Rhin. Le 4 septembre, le Second Empire a vécu.

Le siège de Paris mobilisa les sapeurs-pompiers qui gardaient les stocks de vivres et les usines à gaz. Le 18 mars 1871,

Les nouveaux pompiers de Paris ont revêtu l'uniforme des troupes du génie.

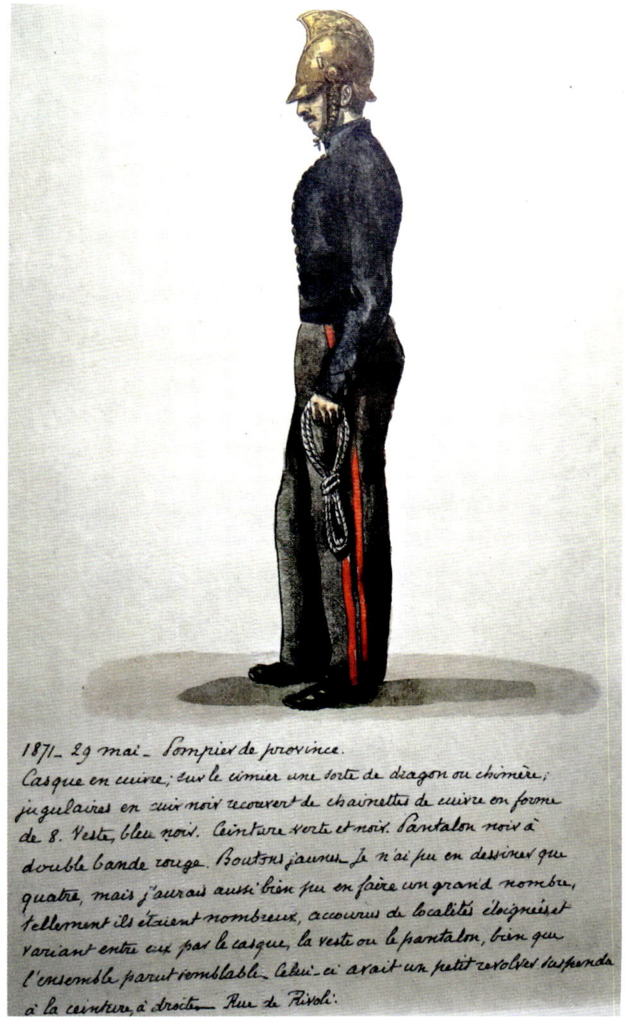

Les illustrateurs parisiens ont immortalisé les pompiers de province venus en renfort pendant la Commune de Paris.

la Commune de Paris fut proclamée. Le désordre était à son comble. Le corps fut dissous le 12 avril et reconstitué immédiatement en corps civil placé sous l'autorité de la Commune. C'en fut fait de son prestige. Certains éléments compromis dans l'insurrection furent incorporés dans les bataillons d'Afrique. À partir du 23 mai, Paris brûla. On fit appel aux pompiers de province. Il a fallu du temps pour qu'une situation fort compromise ne se redresse avec la réorganisation. On avait frôlé le pire.

Le double caractère militaire et professionnel engagea les pompiers de Paris dès les premiers jours de la Grande Guerre. Des postes de secours furent installés auprès des principaux monuments parisiens. D'autres pompiers furent détachés dans les usines d'armement ou employés aux travaux agricoles. Beaucoup payèrent de leur vie leurs aptitudes à manier le lance-flammes dans les combats de Champagne.

C'est en 1918 que leurs rangs furent tragiquement décimés. On compta jusqu'à 18 raids aériens durant onze nuits consécutives. Ils déblayèrent les décombres, mirent les populations en sécurité et préservèrent les œuvres d'art.

Le second conflit mondial exposa le régiment à de nombreuses vicissitudes. En juin 1940, considérés comme des prisonniers de guerre et leur matériel comme butin de guerre, ils passèrent sous le commandement allemand. Les situations individuelles furent affectées par la loi du 2 juin 1941 qui prescrivit le recensement des juifs du corps. En 1942, 28 caporaux et sapeurs juifs durent porter l'étoile jaune. L'accès au grade d'officier leur était interdit. Ils furent finalement démobilisés la même année.

Les actes de résistance à l'occupant ont forgé la tradition d'héroïsme des pompiers de Paris pendant l'occupation. La résistance a d'abord émergé par des actes individuels avant que naisse le besoin d'agir collectivement. Une résistance dite passive s'organisa lorsqu'il s'agit d'intervenir sur des sinistres touchant les installations nazies. Dès 1942, le capitaine Curie baptisa du nom de « Sécurité parisienne »

2159 — Services des SAPEURS-POMPIERS de la Ville de Paris. Pompe à vapeur partant pour le Feu. ND Phot.

Exercices d'Entraînement des SAPEURS-POMPIERS de la Ville de Paris. 2133 Dispositions des Engins pour l'Attaque du Feu

son mouvement de résistance et cristallisa autour de ce noyau actif des éléments épars. Jusqu'à l'insurrection des Parisiens d'août 1944, Sécurité parisienne s'efforça de recueillir des informations sur les objectifs à détruire et des plans d'usines travaillant pour l'ennemi, d'organiser des sabotages où les secours n'arrivaient jamais, de transporter des armes et du carburant au nez et à la barbe de l'occupant, au mépris du danger.

Charles de Gaulle a rendu hommage aux pompiers de Paris dans un discours prononcé le 14 novembre 1944 :

« Paris libérée de l'ennemi sait ce qu'elle doit au régiment de sapeurs-pompiers. À tant de dévouement prodigué au long des années par le régiment, la guerre a ajouté les épreuves dignement subies pendant l'odieuse invasion et l'honneur des combats victorieux de la libération. »

Amer constat des journalistes qui suggèrent de tirer sur des tuyaux trop courts pour les allonger. (© Marseille-Matin)

28 octobre 1938

Enfer sur la Canebière

Le vendredi 28 octobre 1938 à 14 h 25, un incendie s'est déclaré au premier étage des magasins des Nouvelles Galeries de Marseille, sur la Canebière. L'incendie gagna rapidement les étages supérieurs. La foule paniquée tenta d'échapper aux flammes et à la fumée. Des torches vivantes s'écrasèrent sur le trottoir. Le mistral, levé avec une rare violence, attisa la propagation du feu. Ce fut une catastrophe sans précédent dans l'histoire de la cité phocéenne.

On déplora 75 victimes et 56 disparus. Vingt-deux sauveteurs furent blessés.

À 15 h 10, la coupole des Nouvelles Galerie s'effondre sur la Canebière. On distingue nettement des civils tenir lieu de pompiers en l'absence de commandement et de coordination. (© Marseille-Matin)

La plus extrême confusion règne sur la Canebière où chacun tente de participer en vain aux secours. (© Marseille-Matin)

Le sinistre a complètement pris de court les sapeurs-pompiers communaux marseillais. Le défaut d'organisation et l'improvisation ont pesé très lourd. L'absence d'un effectif caserné et immédiatement disponible en nombre suffisant a considérablement retardé les départs des secours. Les premiers sapeurs-pompiers sur les lieux ont manqué d'échelles. Il a fallu faire appel au bateau-pompe de la chambre de commerce et développer des centaines de mètres de tuyaux depuis la mer. Des renforts ont été appelés en provenance d'Arles, Aix-en-Provence, Aubagne, Tarascon, Salon, Berre et Marignane. À 17 heures, les marins-pompiers de Toulon furent à pied d'œuvre. Le 7e régiment du génie fut employé à la recherche des victimes, tandis que le brasier ne faiblissait pas.

L'opinion publique fut accusatrice. Les secours furent mis en cause. La presse locale prit le contre-pied des critiques : *« Avec des moyens dérisoires, les sapeurs-pompiers ont évité un désastre. Le destin a été le plus fort. Ils n'ont pu faire jaillir l'eau des pierres, multiplier leur échelle unique, et cela ne leur sera pas pardonné. »*

Les ténors de la politique marseillaise sont nés au cœur du quartier du Panier : le maire, Henri Tasso, mais aussi Simon Sabiani, ambitieux leader de la communauté corse lié au grand banditisme qui coordonne à la fois les embauches de dockers et les trafics du port, et ne vise rien moins que la mairie. *« Chez les pompiers, il y a une majorité de Corses. Les pompiers dépendent de la mairie. Pour ne pas s'éloigner de Marseille, on entre chez les pompiers… »* et, soulignons-le, on entre dans les rangs de la fonction publique territoriale en contrepartie de services rendus à Sabiani et ses hommes : « *J'embauche mes amis et eux-seuls !* »

Le 27 octobre 1938, le congrès du parti radical se tenait au parc Chanot. L'absence de majorité parlementaire, l'essor des ligues fascisantes, entretenaient le désordre. Marseille n'en avait cure. Herriot, maître des cérémonies, et Daladier, son élève, ont signé un mois plus tôt les accords de Munich qui laissent les mains libres à Hitler en Europe centrale. Benito Mussolini, le Duce, avait l'objectif avoué d'annexer Marseille et la Méditerranée. Il fallait reprendre la main. Mandé d'urgence sur les lieux du sinistre, Daladier s'écria : *« Mais qui commande ici ? »* Herriot, maire de Lyon entre autres, plus en retrait, fit venir ses pompiers lyonnais pour faire la démonstration qu'une ville bien gérée par les radicaux a les clés pour dénouer le drame. Le feu des Nouvelles Galeries devint une affaire d'État !

S'il y a eu des fautes de service, elles incomberaient plutôt aux services municipaux des eaux et au maintien de l'ordre. L'arrivée tardive par train des pompiers lyonnais fut rocambolesque et peu nécessaire. *Le Progrès de Lyon* a titré : « *Les pompiers lyonnais sont toujours prêts et n'ont montré aucun signe de fatigue.* »

L'entrée en lice des marins-pompiers de Toulon vers 15 h 15 a été décisive. À leur arrivée, ils ont déploré l'absence de commandement sur place, l'incompatibilité de leur matériel avec les bouches à eau de la ville. Le ministère de la Marine et celui de l'Intérieur n'ont pas tari d'éloges sur la qualité des militaires…

À la vérité, les extincteurs du magasin étaient tous vides, les ascenseurs étaient arrêtés, l'alarme intérieure n'a pas fonctionné, pas plus que les robinets de secours… *Le Progrès de Lyon* stigmatise *« la camaraderie qui glisse vers la complaisance coupable, le débrouillage vers la malhonnêteté et l'égoïsme vers l'abandon de tout devoir national »*. Les attaques contre la mairie et la municipalité furent d'une extrême virulence. La presse marseillaise s'acharna à protéger ses pompiers. Paris entendait installer des pompiers militaires dirigés par des supérieurs parisiens.

Le 20 mars 1939 fut publié au Journal officiel un décret relatif à la réorganisation administrative de la ville sous l'autorité du ministère de l'Intérieur et du ministère des Finances. Sabiani disparut. L'inéluctable survint. La dissolution du corps de sapeurs-pompiers de Marseille fut prononcée le 22 décembre 1939. Le bataillon des marins-pompiers était né. La catastrophe a donné lieu à 80 procès devant le tribunal civil. Les affaires contentieuses ne prirent fin qu'en 1959.

Fig. 79.

Le feu couve dans nos mémoires

Quels moyens pour quels sinistres ?

L'obsession de l'incendie et les terreurs collectives qui s'ensuivent sont justifiées. L'homme a repoussé le feu, a appris à le connaître, mais finalement s'est résolu à lui laisser sa part, « la part du feu ». Le feu se sert. Les hommes sont soulagés quand le patrimoine préservé est d'une valeur supérieure au patrimoine détruit. Historiquement, caché au fond de son habitation, l'homme s'est gardé du loup, du froid, de l'ennemi, mais jamais du feu qui attaque et surprend au plus secret de la vie des communautés. Rançon d'un confort précaire, l'incendie naît dans l'âtre, court dans le conduit de la cheminée, saute sur les chaumes des toits, repousse les tavaillons de bois, fait exploser les lauzes surchauffées et s'étend inexorablement.

Les modes de construction sont le reflet d'une nature et d'une culture. Les matériaux sont récupérés sur place et la tradition guide la main du bâtisseur. Du Moyen Âge au milieu du XIXe siècle, les demeures populaires ont été l'expression d'une mémoire et d'un savoir-faire collectifs.

Les archives municipales d'Annecy ont conservé une importante documentation sur les précautions à prendre en vue de préserver du feu la ville enserrée au pied de son château. En résumé, les « précautions » recommandées à la suite de la destruction quasi-totale des bas quartiers en bois, en 1448, visaient à encourager les habitants à réduire l'emploi du bois, à abandonner les toits de paille, de chaume ou recouverts d'ancelles (planchettes de sapin). Une tuilerie sera construite, afin de distribuer des couvertures de toitures pour les habitations. En 1449, ordre fut donné de couvrir toutes les maisons en tuiles ou ardoises. Il fallait tenir les cheminées en l'état, les surélever à une hauteur de trois pieds au-dessus du toit, ne pas stocker dans les galetas des cendres, de la paille, du charbon ou des feuilles mortes servant à l'isolation. Les contrevenants étaient passibles d'amendes élevées. Ils furent nombreux...

Une police municipale fut créée. Les « dizainiers », entre 20 et 30 hommes, visitaient les maisons pour s'assurer que les ordonnances de police étaient respectées. Néanmoins, en l'absence de moyens pour acheminer l'eau, la part du feu restait la meilleure parade.

Et c'est à la population des compagnons du bâtiment, maçons et charpentiers, de se mobiliser. La ville d'Annecy leur fit parvenir lors des sinistres de l'eau-de-vie, du vin et de la nourriture et s'engagea à rembourser souliers, chapeaux et habits brûlés et versait une rente aux blessés et veuves. En cas d'incendie nocturne, les habitants devaient tenir leurs fenêtres éclairées, afin de guider les secours.

En 1627, des seringues à eau ont fait leur apparition. D'une contenance de trois litres, on estimait que la distance de projection était supérieure à celle d'un seau. Elles furent rapidement abandonnées.

Jean-Jacques Rousseau, séjournant chez madame de Warens, a lui-même dépeint les circonstances d'un sinistre :

« *Madame de Warens, demeurant à Annecy… le feu prit au four des Cordeliers avec une telle violence que ce four, qui contenait un bâtiment assez grand rempli de fascines et de bois sec, fut bientôt embrasé. La flamme s'attacha au toit de la maison et pénétra par les fenêtres dans les appartements de madame de Warens* […] *Elle donna des ordres pour faire transporter ses meubles dans le jardin… Elle apprit que l'évêque était accouru au bruit du malheur. Elle alla au-devant de lui* […] *Il se mit à genoux avec elle et, avec tous ceux qui se trouvèrent présents dont moi, commença à prononcer des prières avec cette ferveur qui lui était ordinaire. L'effet en fut sensible… Le vent éloigna si bien les flammes que le four fut entièrement consumé sans que la maison eut d'autre mal que le dommage qu'elle avait reçu auparavant. C'est un fait que tout Annecy et que moi, écrivain du présent mémoire, ai vu de mes propres yeux.* »

Au XVe siècle, à Bourg-en-Bresse, las des raids de pillards, soldats libérés des armées de mercenaires, qui boutent le feu en ville, les syndics ont décidé de l'achat de seaux, « *des seilles en sapin pour servir en cas d'incendie* ». Les embarras de la rue et le désordre permanent favorisant l'extension des sinistres, il est engagé un porcher communal, un vacher et un garde de chevaux. L'alimentation des cochons fut interdite à l'intérieur des maisons. Plus tard, les seilles en sapin ont été remplacées par des seaux de toile ou de peau de mouton achetés à Genève auprès de marchands allemands. C'est à partir de cette époque que s'organisa quartier par quartier la distribution des seaux avec obligation de tenir une réserve d'eau sur le seuil des maisons. Au XVIIIe siècle, un compte rendu de sinistre détaillait les mesures prises pour lutter efficacement contre le feu : « *Lors des grands incendies survenus le 1er mars dernier (1724), on a été obligés, pour assurer le cours du feu qui menaçait en grand embrasement, de prendre plusieurs seaux et bennes de différentes grandeurs, des chandelles, pain, vin, fromage, et autres choses pour ceux qui travaillaient à arroser l'incendie.* » Plus éclairant encore, cette délibération du 10 mars 1732 : « *Le lieutenant général de police estimant que les incendies sont trop fréquents dans cette ville et plus dangereux que dans aucune autre par la qualité des bâtiments qui la composent, le public souhaitant depuis longtemps qu'il y ait des pompes comme dans plusieurs autres villes du royaume pour apporter plus facilement du secours en cas de malheur, l'usage en ayant été reconnu d'une grande utilité et d'un grand secours, il a réfléchi que la ville était en état de faire la dépense d'acheter une pompe la présente année.* […] *On pourrait en acheter une ou deux autres si on le jugeait à propos.* » Cette mention est originale, car elle dénote un réel souci de modernisation des équipements à l'image des grandes villes au cœur d'un département très rural et peu enclin à des dépenses excessives. On a mandé à Bourg le meilleur ouvrier en pompes de la ville de Lyon, Fleury Roulet. *« Il fera une pompe conformément au dessin et plan de la même qualité que celles que les prévôts des marchands de la ville de Lyon ont fait faire. Les plus belles et les meilleurs moyennant la somme de 550 livres... »*

Cinq ans plus tard, on apprend que *« des marchands venus d'Allemagne ont amené des pompes à eau qui pourraient servir lorsque le feu est dans les cheminées.* [...] *Lesquelles étaient commodes et légères à porter.* [...] *Le conseil ordinaire délibéra d'en acheter au moins dix pour le prix de huit livres pièce.* [...] *Le conseil ne cherchait qu'à soulager le public et prévenir les incendies.* [...] *»*

À Chalon-sur-Saône, dans la nuit du 2 au 3 novembre 1725, un incendie éclata au faubourg Saint-Jean. Les magistrats étaient sur place pour donner les ordres. Ce que l'on sait, c'est qu'ils ont fait prendre quelques livres de chandelles, des flambeaux, des paniers pour porter l'eau. Ils ont fait servir du vin aux nombreux ouvriers venus pour éteindre le feu ou couper les pièces de bois qui tombaient, ainsi qu'aux gardes mis en place pour veiller jusqu'au lendemain que le feu ne reprenait pas. Il est décidé de dédommager le servant de pompe qui a eu ses vêtements souillés !

Le 16 août 1727, le sieur Bonnenfant de Dijon promet de faire *« soixante seaux en cuir bouilli garnis au-dehors d'osier, conformément au modèle qu'il a fait tenir au maire et aux échevins, à savoir en cuir de dos de vache avec bordure, bien cousus avec du bon fil moyennant 3 livres 15 sols payés à la livraison »*. Le 17 août de la même année, il est commandé une pompe *« de même grandeur, de même largeur, de même épaisseur, absolument conforme et semblable à la grande pompe qui est dans les magasins de la ville de Dijon »*.

Le 18 septembre 1738, on apprend que l'imprudence d'un menuisier qui accumulait des copeaux provoqua un incendie menaçant tout le secteur. On mobilisa alors charpentiers, maçons, couvreurs et autres ouvriers et manœuvres pour éviter un plus grand danger, actionner les pompes, employer les seaux, pelles, crocs et pinces. On distribua du vin pour les soutenir. La lutte contre le feu est encore et toujours l'apanage des corps de métier du bâtiment. Mais ce n'est pas tout. Le maire est allé prier les bénédictins de l'abbaye de Saint-Pierre d'apporter « la glorieuse relique de Saint-Loup ». Le maire prononça le vœu de faire dire des messes à perpétuité pour qu'elle soit amenée à chaque fois sur les lieux. *« On voit régner le bon ordre parmi ceux qui apportent les secours qu'une main invisible semble alors diriger. »*

Force est de constater que, tout au long du XVIIIe siècle, le recours aux hommes du bâtiment, appuyés par une sainte protection, exclut l'idée même d'une organisation d'un corps de sapeurs-pompiers structuré et communal. Il faut attendre le 17 mai 1805 pour que soit fondée une compagnie permanente composée exclusivement par des hommes des métiers du bâtiment. Le 1er juin 1806, les gardes-pompes seront dotés d'un uniforme, habit et pantalon à la hussarde de drap bleu impérial avec collets, revers et parements noirs, gilet blanc avec boutons blancs, casque de cuivre et sabre-briquet. Le casque est constamment obligatoire pour être reconnu par la population. L'empreinte de l'administration impériale est manifeste !

Saint-Jean de Maizel, l'une des plus anciennes églises de Chalon-sur-Saône, désaffectée pendant la Révolution, puis vendue à une compagnie de roulage et transport comme entrepôt, fut victime du feu dans la nuit du 18 juin 1839, vers 3 heures du matin. Le tocsin réveilla les habitants. Les secours s'organisèrent autour de la préservation des bâtiments voisins. Le matériel laissait à désirer. Les boyaux étaient percés, les pompes mal entretenues. Une énorme chaleur força les sauveteurs placés au pied du fronton à reculer. Trop tard, il s'écroula, ensevelissant badauds et pompiers. Au milieu d'un amas de pierres brûlantes, inaccessibles, surgirent des corps emprisonnés, atrocement brûlés et mutilés. Cette catastrophe eut un grand retentissement. Le 22 juin, une souscription a été ouverte en faveur des veuves et des orphelins. Le roi Louis-Philippe, lui-même, participa à hauteur de 2000 francs. Un monument commémoratif sera érigé au cimetière de l'est. Il est constamment fleuri le 18 juin depuis 1839.

Selon les besoins, en fonction des budgets communaux, le matériel proposé par les constructeurs répond à chaque demande.

N° 2
La FOUDROYANTE
Cie DE SAPEURS-POMPIERS
Cne DE MONTAGNAT

Les planches pédagogiques sont largement diffusées par la maison Pellerin, afin de pallier le manque de formation. Un siècle plus tard, les mêmes efforts sont consentis pour illustrer la variété des interventions.

La convergence des bonnes volontés

Excellent exemple de la mise à contribution de toutes les énergies. L'incendie du dôme de l'Hôtel-Dieu de Bourg-en-Bresse fin 1843.

Des ouvriers ferblantiers travaillaient sur le dôme avec un réchaud chargé de charbons ardents. Un vent du midi des plus violents se leva. Un des ouvriers constata un défaut dans une calcination d'une pièce de charpente. Le temps d'aller chercher de l'eau, la toiture s'embrasa et avec elle tout le dôme. Rapidement, la population accourut, suivie par les pompiers et les gendarmes. Les habitants des campagnes, de passage à Bourg pour la foire, se portèrent sur les lieux, ainsi que l'armée qui arriva en rangs serrés.

Pompiers et gendarmes abattirent le pavillon incendié du dôme au mépris de leur vie sur les pentes glissantes du toit. Quatre pompes étaient en activité. Le vent dispersait les jets. Lentement, des chaînes se formèrent où se pressèrent des cultivateurs, des militaires, des ecclésiastiques et même des dames. L'architecte de la ville s'est employé à guider les travaux de démolition. On a particulièrement remarqué le renfort de la compagnie de Ceyzériat qui étrenna sa nouvelle pompe. L'autorité municipale a stipulé qu'il y aurait grand avantage à organiser les chaînes des seaux et à en instruire la population.

La discipline, force principale des pompiers…

Aucune intervention, aucune décision, aucune stratégie avec quelque matériel que ce soit ne peut porter ses fruits sans une discipline sans faille, fruit de la coordination des tâches et de l'implication des hommes. Cette préoccupation exprimée fréquemment par les chefs auprès des maires est admirablement développée par le lieutenant Redoules au capitaine Beletre de Dinan en avril 1847.

« *Capitaine,*

D'après vos ordres du 5 avril, j'ai réuni la compagnie. Chacun s'est rendu à son poste. Après l'appel, j'ai fait part à la compagnie d'une promenade militaire pour le dimanche 18 courant, ce qui a été adopté à l'unanimité […].

Il m'est pénible maintenant de terminer ce rapport par un fait d'insubordination et de la plus grande infraction au règlement. L'article 47 a été violé. Quelques hommes se sont présentés dans les rangs de la manière la plus inconvenante et, si l'exercice ne s'était pas borné à une simple réunion, j'aurais sévi avec la plus grande rigueur […].

À chaque instant, appelés à être maîtres des localités, ayant entre nos mains les objets les plus précieux, bijoux, argent, portefeuilles, livres, enfin la fortune entière des personnes auxquelles nous sommes appelés à porter secours, nous devons nous rendre dignes de la plus grande confiance et ce n'est pas par une conduite déréglée que nous parviendrons à l'obtenir.

L'homme qui s'abandonne à l'ivrognerie n'a pas droit, comme homme public, à la confiance de ses concitoyens… Quelle confiance peut inspirer un homme en état d'ivresse ? Ne peut-il pas devenir victime d'un accident ? Ne peut-il pas aussi en faire arriver à d'autres ? Il est pour tous un objet de répulsion […].

Tant qu'il en sera ainsi, nous n'obtiendrons jamais la confiance que nous tenons à obtenir de nos compatriotes. Je suis donc d'avis que nous sévissions avec rigueur contre tout homme de notre compagnie dont

La mise en œuvre de la pompe nécessitait une formation très soutenue. L'acquisition d'une pompe à bras a heureusement dispensé la population d'organiser la chaîne des seaux. (Extrait du manuel d'instruction Roret. Vers 1900)

nous connaîtrions, sous ce rapport, la mauvaise conduite... Voilà, mon cher capitaine, ce qui m'a bien coûté à vous écrire [...]. *»*

C'est entre 1830 et 1880 que vont s'affirmer l'utilisation de moyens spécifiques de lutte contre le feu. La pompe à bras au village, la pompe hippomobile pour les bourgades plus étendues, les pompes à vapeur en milieu urbain, sont disponibles sur catalogue et adaptées à tous les budgets.

Fig. 75.

Panoplie de lances, Musée des sapeurs-pompiers du Grand Lyon.

FABRIQUE DE POMPES, CASQUES, HABILLEMENTS, ÉQUIPEMENTS & ARMEMENTS
SAPEURS-POMPIERS
1864
1865
BAYONNE
BORDEAUX
A. THIÉRY
RUE DE BONDY, 70
AU FOND DE LA COUR
PARIS
Fournisseur de l'Administration générale des Postes
NOUVEAU RACCORD A LOQUETEAU
SANS PAS DE VIS
Spécial à la Maison THIÉRY
MANŒUVRE DU NOUVEAU RACCORD
MONTAGE
DÉMONTAGE
PRIX
DRAPEAUX, BANNIÈRES, FANNIONS
COSTUMES DE MAIRES & D'ADJOINTS
MONSIEUR LE MAIRE,
A. THIÉRY.
OFFICIERS
POMPES A INCENDIE ET ACCESSOIRES
POMPE N° 3.
POMPE N° 1.
POMPE N° 2.
CHARIOTS AVANT-TRAIN, TONNEAUX
ACCESSOIRES
OFFICIERS ARMÉE TERRITORIALE
SAPEURS-POMPIERS, MUSICIENS
PETITE TENUE POUR POMPIERS
Inventeur (breveté s. g. d. g.) de l'INDICATEUR DES BOITES AUX LETTRES, adopté par l'Administration générale des Postes.
BOITE AUX LETTRES
Boite Rurale

Le tremblement de terre du 11 juin 1909 a mutilé une dizaine de communes et laissé plus de 300 sinistrés. (© Henri Joannet)

La Provence

Un cas particulier

La Provence, terre méconnue du reste de la France jusqu'au début du XIXe siècle, est longtemps demeurée un pays à part, un pays latin aux traditions peu partagées par le reste de la communauté nationale.

Ce sont les peintres qui ont le mieux dévoilé ces terres de couleurs. Renoir et Van Gogh, abasourdis, découvrent en même temps que Cézanne l'éclat de ses paysages. À la fin du XIXe siècle, la civilisation agro-sylvo-pastorale dominait au cœur des villages scellés sur les contreforts des Alpilles, étirés le long du Rhône tentaculaire ou blottis au fond des abris des bords de mer.

Bien sûr, il y avait Aix et Marseille. Aix a manqué l'essentiel des rendez-vous. La gazette locale, *le Mémorial d'Aix*, constate que *« la ville est grimaçante de tristesse »*. En 1800, la préfecture dédaigna la capitale des États de Provence au profit de Marseille. Marseille devint le fer de lance des nouvelles activités industrielles et commerciales liées à l'arrivée du chemin de fer et à l'activité portuaire. En 1870, elle devint le 4e port du monde quand Aix en était encore à compter ses moutons.

Pays à part, la Provence le confirme avec l'histoire des pompiers. Sous l'Ancien Régime, Aix organisa sa défense contre l'incendie comme une ville de longue tradition administrative réfléchie par des juristes. Marseille réagit plus impulsivement et préserva son potentiel portuaire, commercial et industriel, s'en remettant à la fortune des armateurs et des capitaines d'industrie.

Les valeurs républicaines étaient naturellement inscrites dans la tradition méridionale. Les clivages Église-État qui virent naître des associations destinées à rassembler la jeunesse, patronages chez les uns et compagnies de pompiers chez les autres, n'étaient pas visibles en Provence. On était prompt à lutter contre le feu en dehors de toute organisation. L'essor des compagnies de pompiers ne date que des années 1950, après la Seconde Guerre mondiale, alors que le phénomène s'observe dès 1875 ailleurs. D'autre part, le feu de végétation est une autre singularité typiquement provençale liée aux pratiques agraires associées à des conditions climatiques particulières. Ce n'est qu'après le dramatique feu des Landes de 1949 que la Provence a pris conscience que le savoir-faire des hommes de la terre ne suffisait plus à maîtriser le fléau dévastateur et meurtrier.

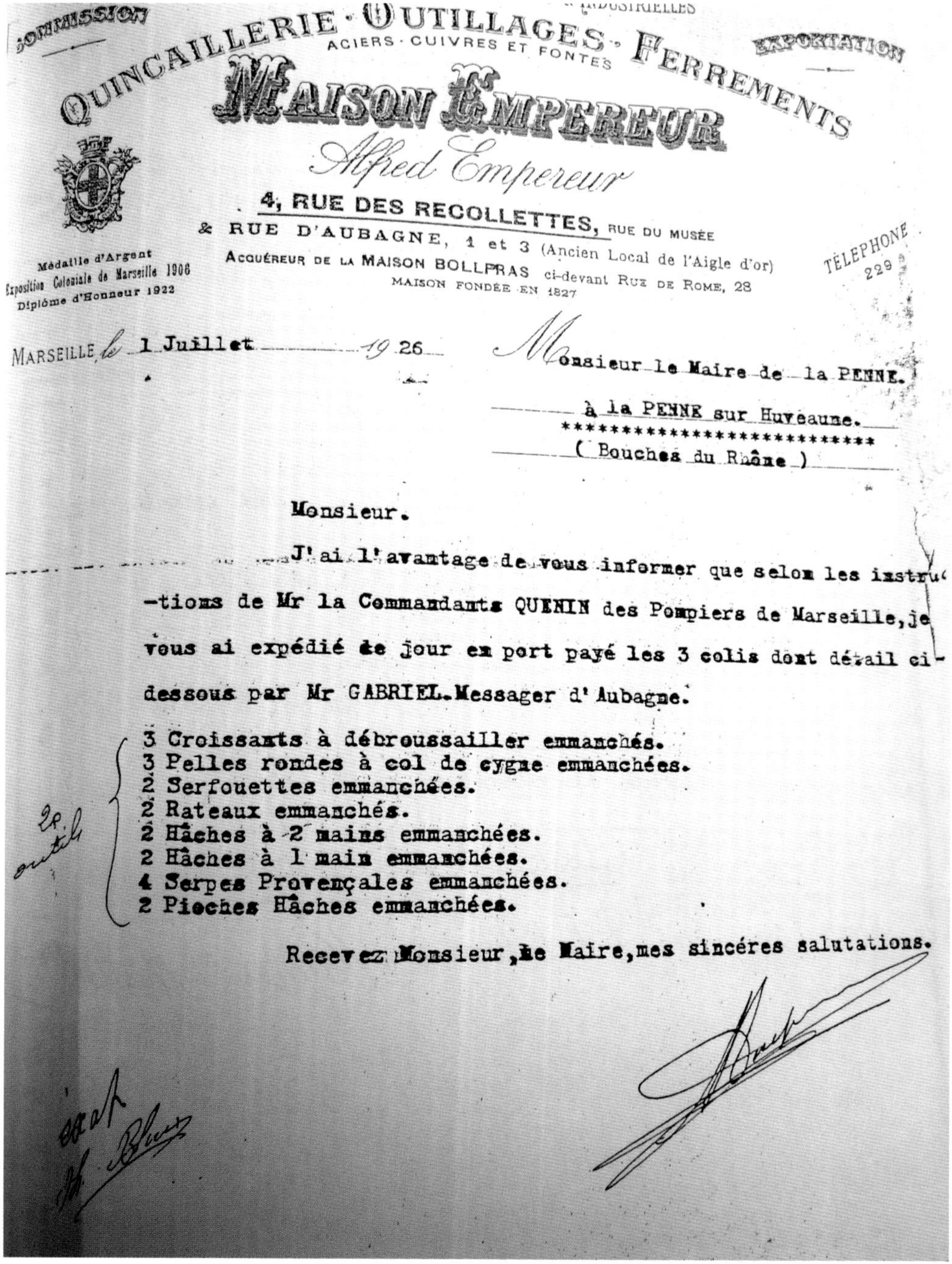

Commission — Exportation

Quincaillerie · Outillages · Ferrements

Aciers · Cuivres et Fontes

Maison Empereur

Alfred Empereur

4, Rue des Recollettes, rue du Musée

& Rue d'Aubagne, 1 et 3 (Ancien Local de l'Aigle d'or)

Acquéreur de la Maison Bollpras ci-devant Rue de Rome, 28

Maison fondée en 1827

Médaille d'Argent Exposition Coloniale de Marseille 1906 Diplôme d'Honneur 1922

Téléphone 229

Marseille, le 1 Juillet 1926

Monsieur le Maire de la PENNE.

à la PENNE sur Huveaune.

****

(Bouches du Rhône)

Monsieur.

J'ai l'avantage de vous informer que selon les instructions de Mr la Commandants QUENIN des Pompiers de Marseille, je vous ai expédié ce jour en port payé les 3 colis dont détail ci-dessous par Mr GABRIEL. Messager d'Aubagne.

3 Croissants à débroussailler emmanchés.
3 Pelles rondes à col de cygne emmanchées.
2 Serfouettes emmanchées.
2 Rateaux emmanchés.
2 Hâches à 2 mains emmanchées.
2 Hâches à 1 main emmanchées.
4 Serpes Provençales emmanchées.
2 Pioches Hâches emmanchées.

Recevez Monsieur, le Maire, mes sincéres salutations.

Cette commande de matériel illustre parfaitement la modicité des moyens mis en œuvre contre les feux de forêts.

La tragédie des Nouvelles Galeries en 1938 a démontré par voie de conséquence que la toute-puissance de l'administration pouvait avoir raison de toutes les initiatives locales. Après Paris, Marseille fut défendue par des militaires. Ce ne fut pas la moindre des singularités provençales.

Au début du XIXe siècle, il n'y avait toujours pas de corps de pompiers à Marseille.

Les portefaix étaient mobilisables et les pompes étaient entreposées chez un ferblantier. Ce fut en 1832 qu'une garde permanente de 12 sapeurs logés à la mairie entretint le matériel et organisa les premiers secours. En 1849, le corps comptait 31 hommes soldés et 130 volontaires. Il est vrai que la ville avait franchi ses murailles, le port s'était étendu, le trafic ne cessait d'augmenter. Le poste de la Joliette a été ouvert en 1854, celui de la Plaine en 1864, le Pentagone en 1866 et celui de Saint-Victor en 1869. Au début du XXe siècle, la compagnie comptait 200 hommes et 50 musiciens rythmant les manœuvres d'ensemble et communiquant par le clairon avec les différents postes.

Dès 1773, des recommandations furent publiées pour le secours aux noyés. La noyade est un fléau typique des bords de mer touchant aussi bien les artisans, les bergers, les lavandières, les commerçants que les militaires. Détail des secours et de l'ordre dans lequel ils devaient être donnés :

« 1. Déshabiller le noyé, bien l'essuyer avec de la flanelle ou des linges et le tenir très chaudement avec des couvertures ou le mettre sur un lit de cendres chaudes.
2. On lui soufflera à l'aide d'une canule de l'air chaud dans la bouche en lui serrant les narines.
3. On lui introduira de la fumée de tabac dans le fondement par le moyen d'une machine fumigatoire. On peut également employer avec succès les lavements faits avec du tabac et du savon.
4. On ne négligera pas d'agiter le corps de la personne en tous sens en observant de ne pas la laisser longtemps sur le dos.
5. On lui chatouillera le dedans du nez et de la gorge avec la barbe d'une petite plume. On lui soufflera dans le nez du tabac ou de la poudre fumigatoire et on lui présentera sous le nez de l'esprit volatil de sel d'ammoniac.
6. On la frottera un peu rudement par tout le corps et surtout sur le dos, les reins, la tête et les tempes avec des linges ou de la flanelle trempés dans l'eau-de-vie camphrée, animée de l'esprit de sel d'ammoniac.
7. La saignée, à la jugulaire surtout, peut être aussi très utile si on trouve promptement un homme de l'art qui jugera si elle doit être employée.

Si la personne retirée de l'eau donne quelques signes de vie et qu'on s'aperçoit que la respiration et la déglutition commencent à se rétablir, on lui donnera d'abord peu à peu une petite cuillère d'eau tiède. Si elle passe, on lui donnera quelques grains d'émétique ou, de demi-heure en demi-heure, une petite cuillère d'eau-de-vie camphrée animée de sel d'ammoniac. »

Aix-en-Provence, cité administrative, siège des juridictions et des gouvernements, a donné toute son impulsion à la Provence entière avant que la préfecture ne soit établie à Marseille en 1800.

La Révolution française n'a laissé aucune chance de survie honorable à la vieille noblesse de robe et l'esprit d'entreprise de sa puissante voisine a parachevé son inexorable déclin, coincée qu elle était entre les activités

Le Volcan éteint de Beaulieu

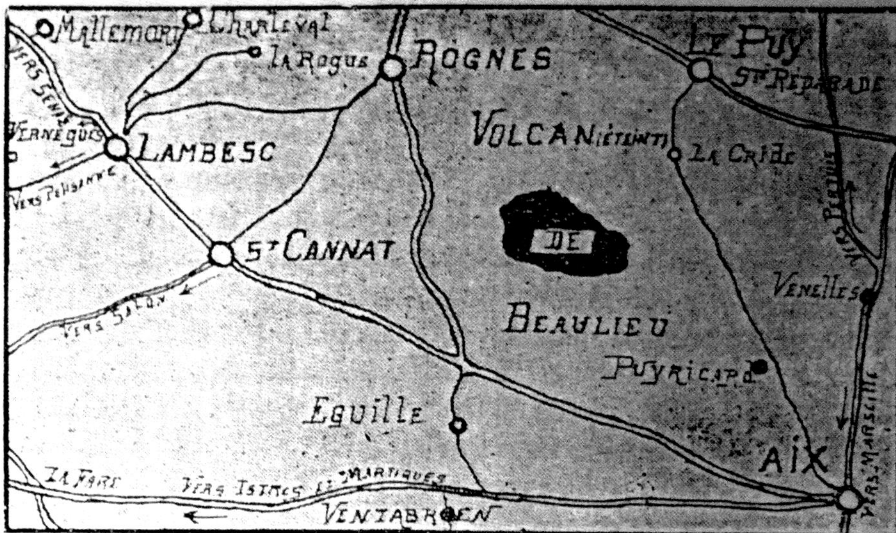

Les secousses sismiques qui viennent de désoler la Provence n'ont pas encore été expliquées scientifiquement et on en est encore à se demander à quelles causes elles sont dues.

Une opinion, qu'en l'absence de toute démonstration, appuyée sur des arguments sérieux on ne peut que signaler sous toutes réserves, est que le volcan éteint de Beaulieu, dans les Bouches-du-Rhône, pourrait bien être pour quelque chose dans ce mouvement tellurique.

Cet ancien cratère, qui est aujourd'hui comblé par la terre végétale, et sur lequel s'élève un magnifique château appartenant à M. de Candolle, est tout voisin des villes où le cataclysme s'est fait sentir avec le plus de violence : Saint-Cannat, Lambesc, Rognes et le Puy-Sainte-Réparade, ainsi qu'on peut le juger par la carte que nous publions.

Ce massif volcanique est exactement situé sur le versant Nord de la chaîne de la Trévaresse, à 4 kilomètres au Sud-Est de Rognes, et 5 au Sud-Ouest de Puy-Sainte-Réparade. Il a été étudié à plusieurs reprises, et l'honneur d'en avoir fait la première description revient à Grosson, qui publia un mémoire à ce sujet en 1780.

MM. de Saussure (1787), de Joinville (1788) et Faujas de Saint-Fond étudièrent également le noyau volcanique de Beaulieu, qui a intéressé, depuis, tous les géologues.

Evidemment, la formation de ce massif de roches noires basaltiques où se rencontrent encore des laves et des scories est fort ancienne et date d'une époque antérieure à la formation des plaines du département des Bouches-du-Rhône, sans doute de l'époque miocène, pendant laquelle la mer couvrit d'abord la région de Rognes et de Lambesc, puis franchissant ses rivages, envahit les plateaux de Saint-Marc, de Peyriguou, Aix, et poussa même ses dernières anses sur les pentes actuelles de Montaiguet jusqu'à Luynes. A cette époque, le volcan de Beaulieu s'avançait en promontoire sur la mer.

On croit que l'extinction du cratère doit être sensiblement contemporaine de celles des volcans d'Auvergne.

Depuis ce temps la mer s'est retirée et les eaux ont charrié sur le massif des terres éboulées ; des humus s'y sont déposés, formant un terrain des plus propices au développement des végétaux.

Cette région est actuellement des plus pittoresques et présente le plus merveilleux coup d'œil.

Sans affirmer que ce volcan, qui n'existe plus qu'à l'état de souvenir, est pour quelque chose dans le phénomène sismique de vendredi, il était bon de signaler cette particularité qui ne manque pas d'intérêt.

La presse locale, surprise par la soudaineté du séisme, évoque l'existence d'un volcan éteint.

agricoles et la foule des étudiants qui se pressaient à l'université. De 1350 à la fin du XVIIIe siècle, les archives de la ville abondent d'ordonnances de police contre les incendies, sur la manière de les prévenir et sur les sanctions découlant de leur inobservation, contrastant avec l'incurie marseillaise.

La compagnie des sapeurs-pompiers vit le jour le 21 juin 1827, annexe de la Garde nationale et autorisée à porter des fusils. En 1835, le capitaine Puget dressa un rapport détaillé au préfet et fit le bilan de dix années de fonctionnement.

« Ce corps est entièrement formé d'artisans, chefs d'ateliers et ouvriers travaillant sur les métaux, le bois et le cuir... ce qui contribue à la bonne harmonie et à l'efficacité [...]. *On doit en outre compter que l'acquisition d'une nouvelle pompe serait de toute nécessité, car il serait impossible de se rendre maître des flammes avec le secours d'une seule pompe. »*

Le vendredi 6 août 1841, la compagnie des sapeurs-pompiers d'Aix, avec son corps de musique, a rendu les honneurs au duc d'Aumale, prince du Royaume, de retour d'Algérie avec la 10e compagnie du 17e léger.

En Provence, les feux étaient constamment gérés par les municipalités concernées. Seule une catastrophe de grande ampleur fut à même de réveiller l'ensemble du département sans que, pour autant, les sapeurs-pompiers soient les principaux acteurs du sauvetage. Ce fut le cas et l'exemple du tremblement de terre de 1909.

Le 11 juin 1909, à 21 h 14, les embarcations ancrées dans le port de Marseille sont chahutées par une impressionnante secousse sismique. Il vient de se produire quatre secousses de 2 à 4 secondes chacune.

Des communes furent affreusement mutilées. Saint-Cannat, Lambesc, Rognes, le Puy-Sainte-Réparade et Mouriès ont vu les maisons s'effondrer, les églises s'écrouler. Il y eut des ensevelis, des morts : 15 à Lambesc, 13 à Rognes, 10 à Saint-Cannat, 2 à Vernègues, 2 au Puy-Sainte-Réparade et 1 à Pélissanne. Ce fut soudain et terrifiant. On attendait une réaction du gouvernement. Elle tarda à venir. Camille Pelletan, député radical et ministre de la Marine, prit l'initiative de saisir le gouvernement et télégraphia à tous les maires concernés le 28 juin : *« Avons jugé utile à intérêt populations marcher avec gouvernement si possible. Avons eu promesse formelle, mais ne comprenant rien à inaction gouvernementale nous réunissons demain pour prendre initiative si gouvernement ne fait pas le nécessaire. Amitiés. Pelletan. »*

La tiédeur de la mobilisation gouvernementale était suspecte en comparaison de l'élan suscité dans le monde entier. Des dons arrivèrent d'Amérique et de tout l'Empire colonial.

Le 13 août, *Le Petit Provençal* lança un pavé dans la mare : *« Nous sommes en mesure d'affirmer que M..., président de la commission locale de répartition, a reçu pour sa part 3 500 francs, que Mademoiselle..., sa sœur, a reçu 3 000 francs, que M..., son père demeurant avec sa fille, a reçu 800 francs, soit en tout, pour deux familles composées de quatre personnes un total de 7 300 francs. Il en résulte que monsieur le maire et sa famille ont reçu autant et même plus que 110 autres familles comprenant plus de 300 sinistrés. On peut se demander si ce n'est pour ne pas porter ces chiffres à la connaissance de la population que la commission a mis tant de soins à tenir secrets les états de répartition. Monsieur le maire n'a point fait réponse. »*

Photographies de l'incendie en forêt de Fontainebleau de 1914.

Lutter contre les feux de forêt

Une idée neuve ?

L'évolution des attitudes des pouvoirs locaux et centraux face aux feux de forêts a considérablement évolué au point de passer d'une observation plutôt naturelle et bénéfique à une redoutable épreuve nécessitant des moyens de lutte considérables.

Nous sommes obligés de penser que le feu, pour une part de la Provence rurale, n'était pas ressenti comme une calamité ni au Moyen Âge ni à l'époque moderne, mais comme un phénomène normal, une composante naturelle du paysage. Il était courant dans la Provence médiévale de pratiquer la culture sur brûlis, l'essart ou la taillade. Jusqu'à une époque récente, l'écobuage était pratiqué à grande échelle, représentant le seul mode de mise en valeur des sols ingrats.

La palette des comportements face aux feux allait de l'absolue indifférence à la conscience des autorités municipales qu'il fallait préserver les forêts, indispensables à l'économie locale.

L'organisation administrative et matérielle de la lutte fut, en Provence, un phénomène tardif. Il y avait bien sûr prohibition d'allumer des feux en forêt depuis 1669. Peu respectée, cette mesure fut de plus en plus appliquée à partir du début du XIXe siècle. Puis, vers la fin du siècle, les feux de forêts en Provence devinrent un enjeu national. C'est à cette époque que le débroussaillement a été reconnu comme une des meilleures techniques de prévention. La nécessité d'être alerté rapidement apparut comme le préalable à une lutte efficace. Dès 1841, le conservateur d'Aix-en-Provence suggérait « *qu'un service extraordinaire de surveillance devrait être organisé pendant les mois de juin, juillet et août avec des petits détachements de soldats* ». En 1923, le conseil général des Bouches-du-Rhône accorda d'importantes subventions pour la construction de postes vigies et fit l'acquisition de huit motocyclettes, afin de faciliter les déplacements des agents de service.

Les années 1920 sont marquées par un changement de politique forestière sous les pressions concomitantes des événements, des associations de propriétaires, des excursionnistes, des sociétés de chasse, de la presse… Il ne suffit pas d'observer les massifs, de prévenir, mais aussi faut-il avoir les moyens d'intervenir. Le réseau de communication est une nécessité absolue avec le développement des liaisons télégraphiques et téléphoniques entre les vigies et un poste central. Le point crucial, déterminant, critique demeurait l'absence d'eau...

Loin de la Provence, le massif forestier de Gascogne a été marqué par le plus meurtrier feu de forêt de l'histoire. Le 20 août 1949, 82 sauveteurs périrent dans l'embrasement de la pinède. Le 19 août, vers 13 heures, une cabane de scieur prend feu. Les premiers sauveteurs accoururent des environs et tentèrent d'abattre le feu avec des branches de pins... Rapidement, la violence du vent développa un front de 5 kilomètres. En 20 minutes, 6 000 hectares furent anéantis et, le 20 août, un déluge de feu s'abattit sur les sauveteurs, dont 82 périrent brûlés vifs. Le sinistre fut visible à plus de 100 kilomètres. Au total, la forêt de Gascogne perdit 52 000 hectares d'essences dont 25 000 hectares de bois. Parmi les 82 victimes figuraient des pompiers, des bénévoles et 23 militaires du 33e régiment d'artillerie de Châtellerault.

Les analyses et études consécutives à ce drame ont permis de repenser les incitations à la prévention, la surveillance et l'action à l'aide d'un matériel spécialisé. La prévention est appréciée sous l'angle d'un contrôle rigoureux des points à risques potentiels. La surveillance constante requiert un matériel adapté et entretenu. L'intervention directe exige un faisceau cohérent de transmissions et de moyens d'alerte. Un commandement unique s'imposa d'emblée.

En 1962, le ministre de l'Agriculture, Edgar Pisani, va être le promoteur de l'idée d'un « *pool méditerranéen pour une défense aérienne* » de la forêt. Il évoqua, à Marseille, « *la guerre du feu méditerranéenne* ». L'étang de Berre servit de cadre aux premiers essais des appareils Catalina. En 1963, deux Catalina sont achetés aux Canadiens. Des pilotes d'hydravions issus de la marine nationale s'installèrent sur la base aérienne de Marignane.

Le 24 juin 1963, la base d'avions bombardiers d'eau a été inaugurée au bord de l'étang de Berre. Trois mois plus tard, avec 15 feux et 23 interventions, les hydravions ont volé 24 heures : 417 largages ont été effectués, soit 1 543 tonnes d'eau.

En juin 1966, le gouvernement français passa un marché avec la société Canadair pour la fourniture de dix avions amphibies de type CL-415 d'une capacité de largage de 5 500 litres. La France est entrée dans l'ère de la guerre du feu par les moyens aériens. Ce fut un moment historique.

Aujourd'hui, le délai de décollage est d'environ 15 minutes. L'écopage sur un plan d'eau s'effectue en 12 secondes, le temps d'engouffrer 6 130 litres d'eau. Le largage à 40 mètres du sol n'est effectué qu'après un contact radio avec la direction des secours sur le terrain, afin de protéger les hommes au sol. Il dure une seconde et deux dixièmes ! En 1981, les pompiers du ciel ont effectué leur 100 000e largage. 1989 est l'année de tous les tristes records : 4 714 feux, 10 718 écopages, 13 747 largages et 72 223 tonnes d'eau déversée lors de 6 451 heures de vol.

Depuis 1963, 25 anges gardiens du ciel sont morts en service aérien commandé.

Un Canadair CL-415 lors d'un largage.

« *Un jour que nous étions au feu à Ensuès, un Catalina, l'ancêtre des Canadairs, a plongé au fond d'un vallon abrupt pour combattre un feu très violent. Pendant ce temps, nous étions trois camions sur un plateau en bordure d'un vallon. On ne voyait plus remonter le Catalina. D'un coup, il a débouché au ras de la falaise et il a attrapé avec son flotteur un dévidoir du 4 x 4 de Châteauneuf-les-Martigues. On a tous cru qu'il allait s'écraser. Un pompier de Châteauneuf a été blessé. Le Catalina a réussi à repartir. Ce fut très chaud !* »

Roland Sembolini, sapeur-pompier de Carry-le-Rouet de 1963 à 1995.

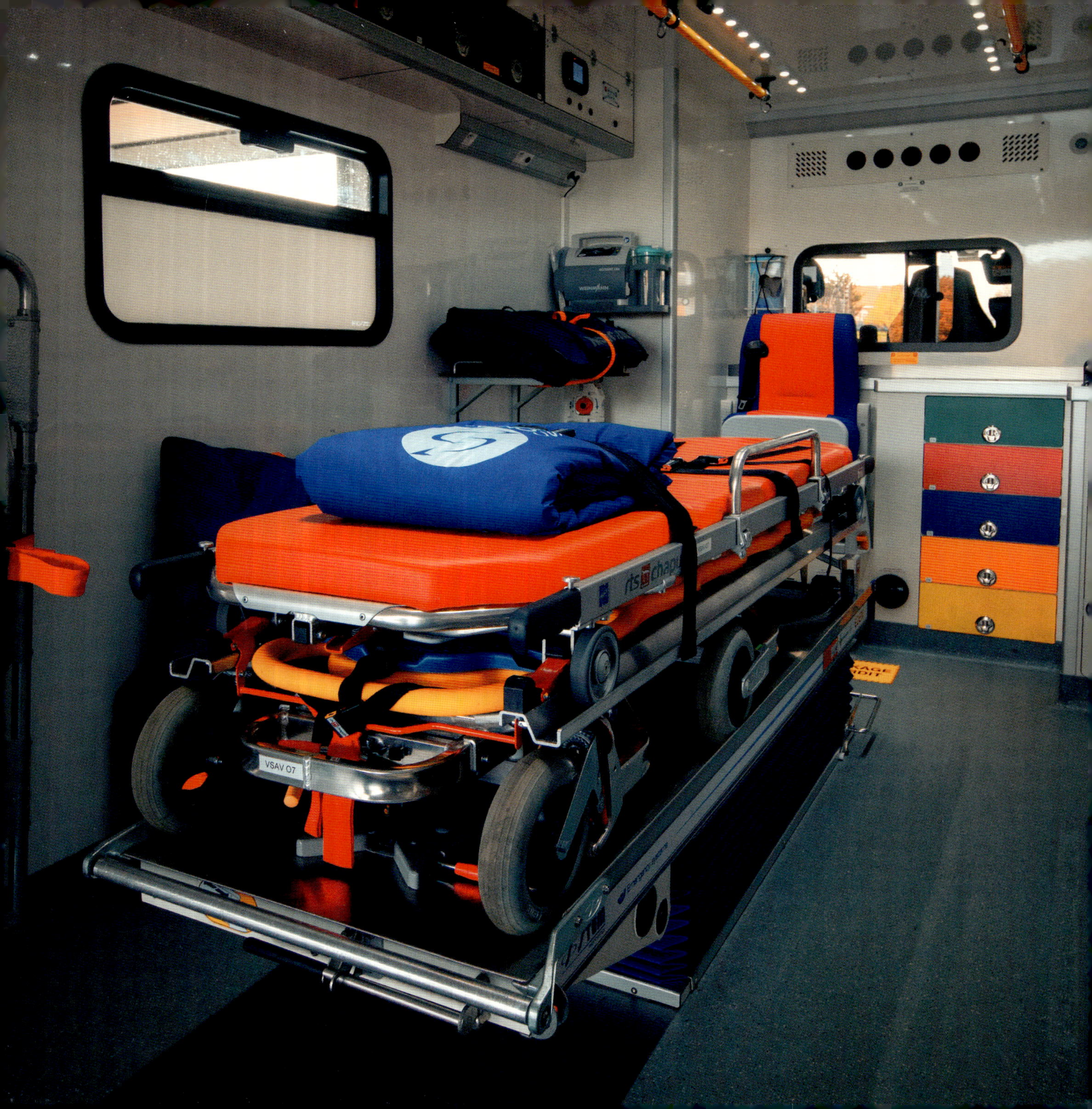
VSAV 07

Il y a 50 ans, les secours à victimes

Faire vite… et bien, si possible !

Si, de nos jours, les secours à personnes et les interventions de secours routier procèdent de protocoles bien rodés parfaitement maîtrisés par des équipes aguerries et exercées, il n'en fut pas de même lorsque les sapeurs-pompiers furent dotés des premières ambulances.

Jusqu'en 1950, à Bourg-en-Bresse, le service des ambulances était assuré par le garage Rouge, en centre-ville. En 1954, le service municipal d'ambulance par les sapeurs-pompiers fut approuvé et, à partir de 1966, les pompiers reçurent une formation de secouriste permanente et adaptée aux besoins.

En 1967, à Carry-le-Rouet, un fourgon transportait le personnel et le matériel, et était doté d'un ensemble d'oxygénothérapie. Le transport des victimes était toujours assuré par une ambulance privée.

Au début des années 1960, la municipalité de Bourg-en-Bresse étudie une ambulance privée, afin de doter la compagnie d'un véhicule dédié aux secours à personne (un véhicule de secours aux asphyxiés et victimes, VSAV).

Aujourd'hui, une victime est médicalisée par les soins conjugués des sapeurs-pompiers, de leur médecin et, si possible, par les équipes dépêchées par le Samu. Lorsque les fonctions vitales sont stabilisées, le transport peut s'effectuer. Si l'urgence est absolue, un hélicoptère de la Sécurité civile, Dragon, assure le trajet jusqu'au centre hospitalier le plus à même de recevoir la victime.

Jusque dans les années 1970-1980 prévalait la médecine « au pied de l'arbre » en attendant le médecin le plus disponible. Le transport était effectué dans les meilleurs délais et, souvent, on apprenait par la presse que *« la malheureuse victime a succombé durant son transport à l'hôpital »*.

Malheureusement, la liaison des maillons de la chaîne des secours faisait parfois défaut et quelques anciens ont des souvenirs particulièrement cruels.

Et pour terminer sur une note plus burlesque, penchons-nous sur les tribulations de l'ambulance du garage Rouge à Bourg-en-Bresse. Dans les années 1940-1950, l'ambulance mise à disposition des sapeurs-pompiers appartenait au garage Rouge. Elle était pilotée par Dimitri Gotsiridse. Cette ambulance était à l'époque la seule du département.

Lors du bombardement de la gare par l'aviation italienne, un obus s'est égaré sur la marbrerie Berthollet. Il y avait des blessés. L'ambulance fut dépêchée sur les lieux. Dimitri Gotsiridse était au volant. On ne sait trop ce qui arriva, mais le préfet a vertement apostrophé le conducteur sur sa manière d'agir. La réponse a été fulgurante : *« Monsieur le préfet, si vous n'êtes pas content, vous n'avez qu'à faire le boulot vous-même ! »* C'était la préhistoire des secours à victimes !

Une autre... L'ambulancier, en plein hiver 1946, eut ordre de se rendre à l'Hôtel-Dieu, afin de prendre en charge un moine en train de rendre son âme à Dieu et de le transporter à l'abbaye de Sélignat où il souhaitait reposer. Dans une ligne droite verglacée, l'ambulance est partie au fossé. Dimitri Gotsiridse se précipita vers la première ferme pour chercher de quoi remettre l'engin sur la chaussée. Après quoi, le pilote s'assura que le mourant n'avait pas rendu son dernier soupir. Stupeur et effroi... Le moribond a disparu ! Dimitri poursuivit sa route et, tout déconfit, vint à l'abbaye où il apprit que le moine avait terminé à pied les quelques centaines de mètres qui le séparaient de sa dernière demeure !

18 et 112

Quand un engin « décale » pour un départ en intervention, quitte la travée de la caserne, gyrophare bleu en action et avertisseur deux-tons enclenché, on peut apercevoir les passagers concentrés finir de s'équiper. L'alerte à la garde est parvenue en salle radio par le canal des numéros réglementaires 18 ou 112. En a-t-il toujours été ainsi ?

Bien sûr que non ! Sans évoquer les différentes formes d'alerte au fil des siècles, disons que le processus moderne d'alerte a reposé sur l'apparition des communications télégraphiques et téléphoniques à partir de la fin du XIXe siècle. L'administration des Postes Télégraphes et Téléphones (PTT) a décidé de dédier le numéro 18 aux services d'incendie et de secours en 1929. La première inscription à l'annuaire téléphonique de Paris date de 1932, véritable date de naissance du 18.

Un appel au 18 aboutit en France au centre départemental de traitement de l'alerte qui répercute vers le secteur concerné. Aujourd'hui, chaque sapeur-pompier de garde est muni d'un outil d'alerte sélective, le BIP, apparu dans les années 1980. Dans un souci d'harmonisation et de sécurité des populations, le Conseil des communautés européennes a préconisé, en 1991, l'adoption d'un numéro d'appel d'urgence unique pour les 27 états membres, le 112. Ce numéro activé par un mobile est prioritaire même lorsque le réseau est saturé. Depuis 2003, obligation est faite aux services de secours de géolocaliser l'appelant. Par souci d'économie, les sapeurs-pompiers français souhaiteraient l'abandon du 18 au profit du 112, point de convergence unique de tous les appels urgents, qu'ils soient à destination des services de police ou des services médicaux d'urgence.

Le numéro d'alerte 18 figure très clairement sur le véhicule en intervention.

www.sdis18.fr
CR-529-MV
112
18

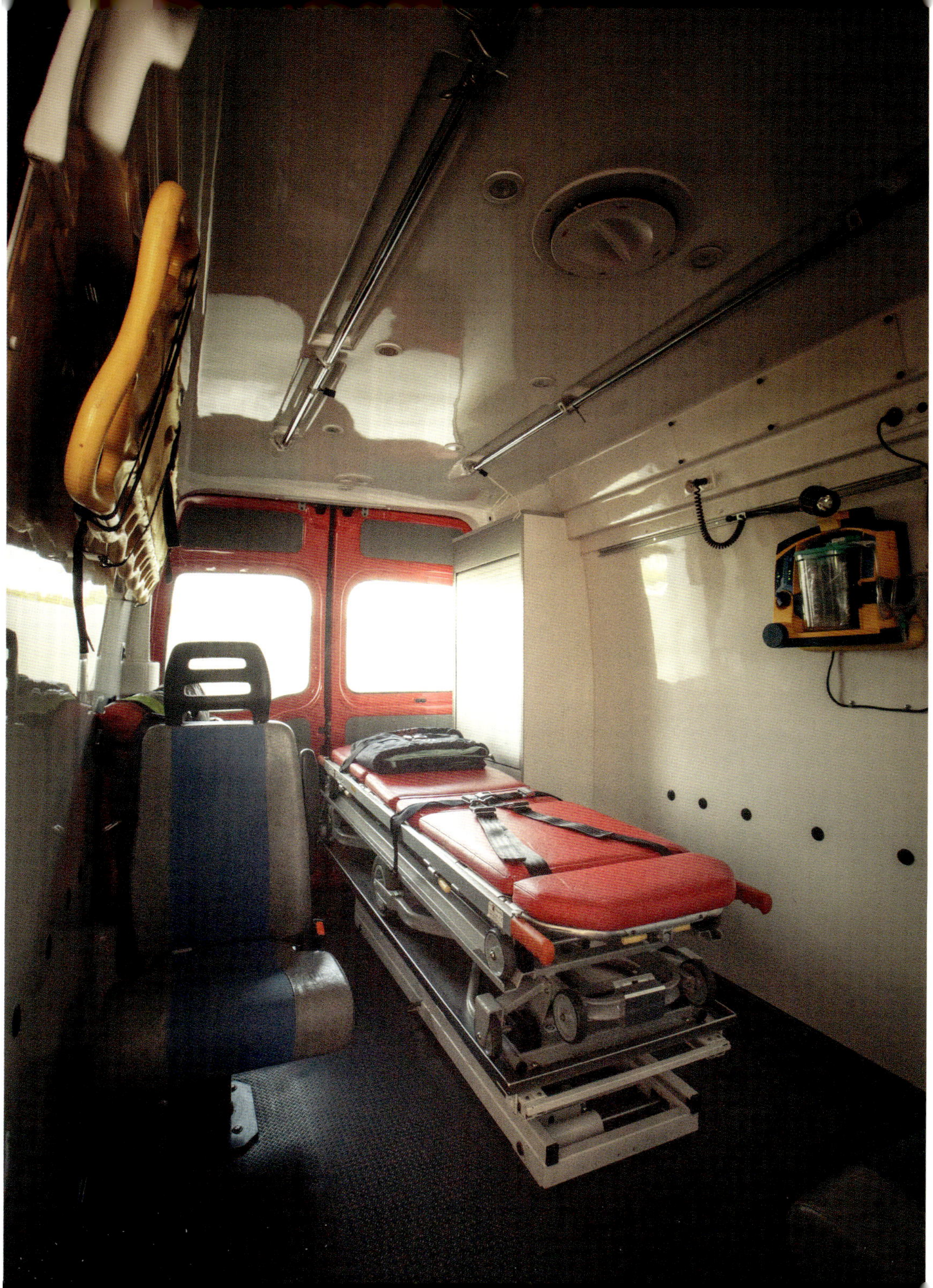

« *C'était en 1973 ou 1974. À cette époque, il ne fallait pas compter sur un médecin de terrain. C'était l'époque de la médecine de cabinet en ville. Le Samu, on ne connaissait pas. C'était l'époque du système D avec le souci de faire vite et bien.*

On fut alors embarqué avec l'ambulance pour un accident du travail à la tréfilerie-câblerie. Je me souviens que l'appel était pressant et l'appelant bigrement affolé. Arrivés sur les lieux, nous sommes dirigés vers un atelier où un ouvrier s'est fait happer un bras dans une riblonneuse, machine pour découper les déchets d'acier. Le pauvre souffrait le martyre. Pensez, il avait le bras en charpie, la chair pendait en lambeaux sanguinolents, les os étaient broyés et il était parfaitement conscient, choqué par l'affreux spectacle de sa blessure. Le temps pressait. Les minutes comptaient. Il fallait stopper l'hémorragie et le délivrer avant que l'infection ne gagne du terrain et qu'il perde connaissance ! Que faire ? Il n'y a pas trente-six solutions. Il a fallu découper et extraire le blessé au plus vite. Je me précipitai vers le véhicule. Mon équipier me tendit une paire de ciseaux et, patiemment, à vif, j'entamai le patient travail de découpage des chairs sans trembler, tout en rassurant le malheureux, sans cesser de lui parler. Auparavant, j'avais posé un garrot très serré et, après des minutes qui me parurent des heures, le moignon de membre fut enfin dégagé. Une course contre la montre s'est alors engagée dans les rues de la ville en direction de l'hôpital. La victime est restée consciente tout au long du trajet. Il a subi une délicate intervention et une amputation. Le plus émouvant, c'est, lorsque je le rencontre en ville, la belle poignée de main qu'il me serre à chaque fois ! »

Gilbert Ponsard, de Bourg-en-Bresse.

« *Une journée mémorable. Le 13 juillet 1991. Nous étions trois de permanence à l'ambulance. À 5 h 30, nous avions commencé par un transport sanitaire. La routine ! Vers midi, nous avions secouru un cycliste renversé sur la voie rapide. Il a été évacué par l'hélicoptère de la Sécurité civile. Vers 16 heures, nous étions auprès d'un noyé sur le port de Carry.*

Rentrés vers 18 heures, assis à la caserne, nous bavardions. Nous sommes appelés pour une coupure à la boucherie de Carry. À notre arrivée, la patronne avait la main prise dans la machine à faire le hachis, invisible jusqu'au poignet. Nous avons demandé le véhicule radio médicalisé de l'hôpital de Martigues. À son arrivée, nous n'avions toujours pas accès à la main… Le médecin a pris la décision d'amputer sur place.

Un chirurgien est arrivé avec une infirmière de bloc opératoire et un anesthésiste. On a créé un bloc dans la boucherie !

Il a fallu tronçonner le bâti de la machine pour que le chirurgien puisse voir la main, afin d'amputer au plus près du poignet. On a baissé le rideau et barré la rue. Le 13 juillet, il y a un monde fou à Carry. Le chirurgien nous a demandé de rester pour l'aider. Malgré nous, on est devenus des assistants de bloc opératoire ! Ce fut très impressionnant. Il nous expliquait tout. La main amputée était intacte. Il a été décidé de tenter une greffe. Nous avons conditionné la victime dans l'ambulance, l'avons emmenée au stade d'où l'hélicoptère l'a transportée au centre hospitalier de la Timone à Marseille. Cette intervention s'est terminée à 21 h 30 et on a préparé à nouveau l'ambulance. Vers 22 heures, on est à nouveau repartis pour un très grave accident sur le CD 65 vers Ensuès. Ce fut une rude journée très mémorable ! »

Michel Sabatino, de Carry-le-Rouet.

DANJONS 1
18
112
07
SDIS du CHER

La Sainte-Barbe…

… et quelques bonnes histoires

Sainte Barbe, patronne des pompiers, fêtée le 4 décembre. Au début du XXe siècle, on pouvait lire dans *Le Petit Journal* :

« Dans nos villes et villages, les pompiers sont en général des gens de métier, des ouvriers du bâtiment, des maçons, des couvreurs, zingueurs, charpentiers, des travailleurs familiarisés avec le péril et accoutumés non pas à jouer, mais à lutter avec le feu. La fête de Sainte-Barbe est pour eux, en quelque sorte, une fête corporative dont il importe de maintenir la tradition. Les municipalités s'honoreraient en la favorisant et en concourant à donner un peu de joie à tous ces braves gens qui, spontanément, donnent pour le salut de leurs semblables et la sauvegarde des biens d'autrui leur énergie, leur dévouement et leur héroïsme. »

Belle jeune fille, Barbe aurait été enfermée dans une tour par Dioscore, son père, qui voulait la soustraire aux tentations du monde. De retour d'un voyage, il apprend qu'elle s'est convertie au catholicisme. Nous sommes au IIIe siècle. Dioscore la décapitera lui-même. À peine eut-il terminé son funeste ouvrage que la foudre le frappa. Invoquée contre la foudre et l'incendie, Barbe devint la sainte patronne des artificiers, des artilleurs, des mineurs et des sapeurs-pompiers. L'attribut le plus constant de sainte Barbe est une tour. Il en existe de très belles représentations des peintres Van Eyck, Palma ou Holbein. De nombreux édifices religieux ont consacré une place à la sainte : Anzin, Bourges, Moustoir, Faouët, Moulins, Rouen, Metz, Semur-en-Auxois, Bourg-en-Bresse. On mentionnera également le collège Sainte-Barbe à Paris sur la montagne Sainte-Geneviève, installé depuis 1460.

Sainte-Barbe, c'est aussi et surtout un moment de détente, de liesse fraternelle, de répit pour les sapeurs-pompiers, un moment privilégié pour honorer les anciens et entonner des chants d'après-banquet. À Ambérieu-en-Bugey, dans l'Ain, un refrain couronnait le banquet annuel :

Les libations et santés scandaient les moments de répit entre les plats du banquet de Sainte-Barbe.

Sainte Barbe, accompagnée de la tour,
emblème de sa vie sacrifiée.

« Quand on est pompier d'Ambérieu,
On n'est pas neurasthénique,
Toutes les peines s'oublient
Dans ce doux pays d'amoureux ;
Sur la terre pour être heureux
Il suffit de pouvoir dire
Vive les gars énergiques,
Les sapeurs-pompiers d'Ambérieu; »

Mais encore, en 1886, ces quelque neuf couplets à la gloire des pompiers locaux qui se terminaient ainsi :

« Je pompe et je bois aux pompiers,
Je bois au feu qui les réclame,
Au feu qui s'éteint volontiers,
À celui qui brûle notre âme ;
Je bois à la fraternité,
Dussé-je vous entendre dire :
Ce bon sapeur a tant pompé
Qu'il chante et fait pouffer de rire. »

Facétieuse image du début du XXe siècle dont les commentaires animaient les repas de Sainte-Barbe.

Dimanche 8 décembre 1895 à Bourg-en-Bresse, la presse locale distilla un délicieux extrait de littérature cocardière.

« Aux roulements de tambour, aux sonneries éclatantes des clairons, les casques étincelant sous les rayons de soleil, rythmant leurs pas et exécutant avec un ensemble digne des troupes en activité, les mouvements que commandait la voix brève de leur chef, les pompiers de notre ville ont, hier à l'occasion de la Sainte-Barbe, passé la revue, manœuvré sur la place Bichat et finalement défilé dans les rues principales au milieu d'un grand concours de population. [...] *À midi, un banquet, merveilleusement servi à l'Hôtel de France, réunissait une centaine de convives.* [...] *On a bu à la France, à la République, à la ville, à la compagnie, à sa prospérité. Les pompiers ont fait couler à pleines coupes le vin généreux de notre pays. Les chansons ont pris leur envol, chantant la France, le vin qui chasse l'ennui, l'amour qui fait battre les cœurs sous la tunique.* [...] *Aux premières mesures de l'orchestre, les couples tourbillonnent en un papillotage de couleurs fraîches et de cheveux envolés. La nuit entière n'a pas suffi pour arrêter ce vent de franche gaîté.* [...] *»*

À Agen, en 1895, le menu apparaît particulièrement somptueux et, selon une coutume propre aux restaurateurs, menus et circonstances sont harmonisés, rehaussant le caractère exceptionnel de l'événement :

Potage consommé franco-russe
Bœuf nature Union amicale
Merlan sauce cordage
Civet de lièvre à l'extincteur
Filet de bœuf cuit au feu
Macaroni à la Sainte-Barbe
Gigot pompe foulante
Dindonneaux lance-l'eau
Salade dévidoir
Gâteaux et crèmes
Pièces montées sur échelles
Fédération de dessert
Vin vieux, champagne, café.

À Bourg, toujours, la Sainte-Barbe de 1951 nécessita des réunions préparatoires : une commission du bal, la collecte des lots pour la tombola, une commission d'attribution de la buvette et une autre pour l'organisation de la grande manœuvre publique. Cinquante-sept hommes y participeront en présence des personnalités locales et de la population. On en profita pour prendre connaissance du menu proposé aux 108 convives, sapeurs-pompiers, notables et invités : potage fermier, langouste mayonnaise, poulet de grain au consommé, civet de lièvre et petits pois aux lardons, filet de bœuf rôti et salade de saison, fromages, bombe glacée et petits fours, corbeille de fruits, une bouteille de beaujolais par personne, café et marc du Bugey !

Décidemment, le thème des sapeurs-pompiers a largement inspiré les petites feuilles locales. Découvert au hasard de recherches dans la presse nationale, cet extrait d'un divertissement parut au début du XXe siècle.

Joyeux souvenir des années 1950 avec les portraits des pompiers de Bourg-en-Bresse.

Rapport du commandant des pompiers de Fouilly-les-Oies au maire du village :

« Monsieur le mère, hier, la nuit aitant venus com' d'habitude vers le soir, j'avions été me reposer au sein du sommeil quand je fus réveiller en cerceau par un cri qui criait ô feu. Pout lors que je me sui dit que ça devait aitre un incendie qui brûlait. J'y suis tallé de ma personne puis j'ai fait battre mes omes pour marcher à la rencontre du sinistre. Arrivé sur les lieux, j'ai senti le besoin de faire la pelle de mes omes qui étaient tous au grand complet sauf onze qui manquaient. Le feu avait pris sur le derrière de l'épicier qui était rempli de paille. Malheureusement, dans la précipitation de la rapidité, j'avions omis la pompe. C'est égal, j'avions pris de l'ô avec tous les sots de la commune dans une mare à monsieur le maire qui ne sentait pas bon et quand il ni a plu eu rien à brûler, le

Moqueries sans retenue pour ces pompiers courant au feu munis des seringues, vestiges du XVIIe siècle, sans grande utilité.

Une parmi les nombreuses cartes humoristiques ridiculisant les braves sapeurs victimes de libations trop copieuses.

feu a zété étain. Alors, j'ai allocutionné mes ômes sur leur belle conduite, car sans eusses, les femmes qui étaient au premier étage elles auraient été des truites. Nous ont cependant à déplorer la perte d'un des nôtres, c'est le cochon à François qui a été rôti. Je certifie l'equesactitude de ce rapport, en foie de quoi, je cignon avec moi... Beaudrochard, commandant de ponts pieds. »

De la même veine, cette histoire largement diffusée à la fin du XIXe siècle au sein de la compagnie de pompiers d'Ambérieu-en-Bugey (Ain) :

« Un jour, un petit vint trouver le capitaine et lui dit :
– Vous êtes bien le capitaine ?
– Oui, mon petit, tu veux un service ?
– Il y a le feu à Tiret. Faut y aller ! Faites sonner le rassemblement.
– Joseph !
– Oui mon capitaine.
– Il y a un petit qui est venu me prévenir qu'il y avait le feu à Tiret. Fais sonner le rassemblement.
– Bien mon capitaine. Je mets mon képi et ma tunique...
– Joseph, fais sortir l'échelle de 12 mètres. Fais sortir la pompe. À mon commandement, pompez trois coups.
– Un... deux, un... deux, un... deux, un... deux, un... deux. Joseph, j'avais dit trois coups, dépompez deux coups. Deux... un, deux... un.
– En route pour Tiret. Foin, paille, foin, paille, foin (Au pas cadencé pour ceux qui ne connaissaient ni la droite, ni la gauche).

Arrivés à Tiret, on vit tout le bas du village qui brûlait.
– Compagnie halte ! Soyez dignes de votre réputation, éteignez le feu avant d'attaquer le vin qui est derrière les fagots. Compris ?

Un bel ensemble de casques tous semblables, modèle 1885 en laiton avec le plumet rouge. Les plumets tricolores étaient réservés aux musiciens.

– Mon capitaine !

– Oui Joseph. Nom d'un chien qu'est-ce qu'il y a donc ?

– Mon capitaine, ben... On a oublié la pompe ! »

Le rassemblement de la Sainte-Barbe était également l'occasion de présenter à la population la compagnie en grande tenue et de poser pour la photographie souvenir. Chaque effectif se composait d'un détachement de sapeurs choisis parmi les plus grands et les plus barbus. Coiffés du bonnet à poil, en peau d'ours, démunis de plaque frontale, ils étaient protégés par le tablier blanc en peau de buffle comme les gants à crispin. Ils étaient là pour rappeler que l'empereur Napoléon Ier avait procédé à la refonte du corps de sapeurs-pompiers de Paris en 1811 en les militarisant et en les habillant comme les sapeurs de la Garde impériale, munis de la hache permettant de progresser dans le sinistre en brisant les obstacles sur leur passage.

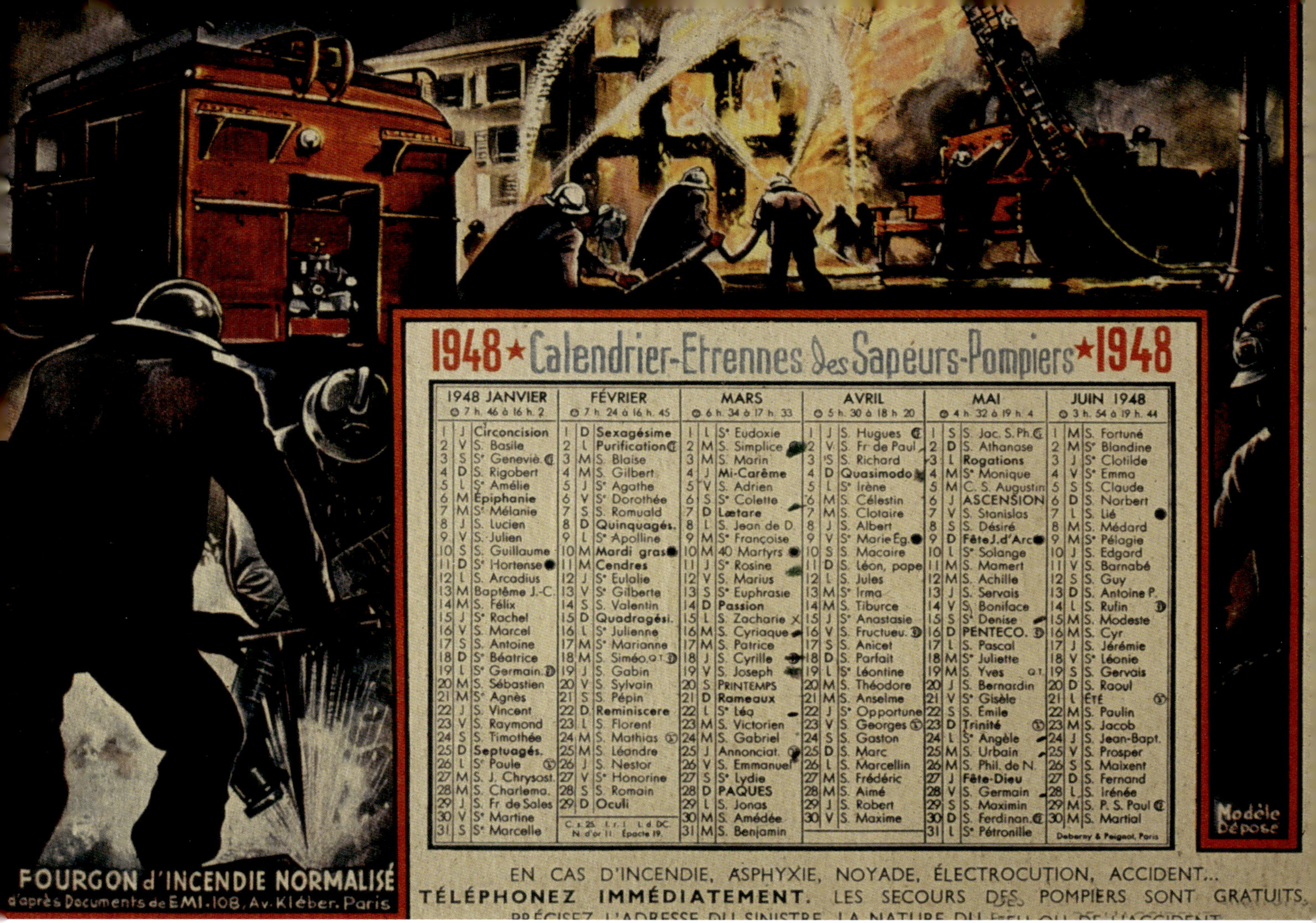

1948 JANVIER			FÉVRIER			MARS			AVRIL			MAI			JUIN 1948		
☉ 7 h. 46 à 16 h. 2			☉ 7 h. 24 à 16 h. 45			☉ 6 h. 34 à 17 h. 33			☉ 5 h. 30 à 18 h. 20			☉ 4 h. 32 à 19 h. 4			☉ 3 h. 54 à 19 h. 44		
1	J	Circoncision	1	D	Sexagésime	1	L	Se Eudoxie	1	J	S. Hugues	1	S	S. Jac. S. Ph.	1	M	S. Fortuné
2	V	S. Basile	2	L	Purification	2	M	S. Simplice	2	V	S. Fr de Paul	2	D	S. Athanase	2	M	Se Blandine
3	S	Se Geneviè.	3	M	S. Blaise	3	M	S. Marin	3	S	S. Richard	3	L	Rogations	3	J	Se Clotilde
4	D	S. Rigobert	4	M	S. Gilbert	4	J	Mi-Carême	4	D	Quasimodo	4	M	Se Monique	4	V	Se Emma
5	L	Se Amélie	5	J	Se Agathe	5	V	S. Adrien	5	L	Se Irène	5	M	C. S. Augustin	5	S	S. Claude
6	M	Épiphanie	6	V	Se Dorothée	6	S	Se Colette	6	M	S. Célestin	6	J	ASCENSION	6	D	S. Norbert
7	M	Se Mélanie	7	S	S. Romuald	7	D	Lætare	7	M	S. Clotaire	7	V	S. Stanislas	7	L	S. Lié
8	J	S. Lucien	8	D	Quinquagés.	8	L	S. Jean de D.	8	J	S. Albert	8	S	S. Désiré	8	M	S. Médard
9	V	S. Julien	9	L	Se Apolline	9	M	Se Françoise	9	V	Se Marie Eg.	9	D	Fête J. d'Arc	9	M	Se Pélagie
10	S	S. Guillaume	10	M	Mardi gras	10	M	40 Martyrs	10	S	S. Macaire	10	L	Se Solange	10	J	S. Edgard
11	D	Se Hortense	11	M	Cendres	11	J	Se Rosine	11	D	S. Léon, pape	11	M	S. Mamert	11	V	S. Barnabé
12	L	S. Arcadius	12	J	Se Eulalie	12	V	S. Marius	12	L	S. Jules	12	M	S. Achille	12	S	S. Guy
13	M	Baptême J.-C.	13	V	Se Gilberte	13	S	Se Euphrasie	13	M	Se Irma	13	J	S. Servais	13	D	S. Antoine P.
14	M	S. Félix	14	S	S. Valentin	14	D	Passion	14	M	S. Tiburce	14	V	S. Boniface	14	L	S. Rufin
15	J	Se Rachel	15	D	Quadragési.	15	L	S. Zacharie	15	J	Se Anastasie	15	S	Se Denise	15	M	S. Modeste
16	V	S. Marcel	16	L	Se Julienne	16	M	S. Cyriaque	16	V	S. Fructueu.	16	D	PENTECO.	16	M	S. Cyr
17	S	S. Antoine	17	M	Se Marianne	17	M	S. Patrice	17	S	S. Anicet	17	L	S. Pascal	17	J	S. Jérémie
18	D	Se Béatrice	18	M	S. Siméo. Q.T.	18	J	S. Cyrille	18	D	S. Parfait	18	M	Se Juliette	18	V	Se Léonie
19	L	S. Germain.	19	J	S. Gabin	19	V	S. Joseph	19	L	Se Léontine	19	M	S. Yves Q.T.	19	S	S. Gervais
20	M	S. Sébastien	20	V	S. Sylvain	20	S	PRINTEMPS	20	M	S. Théodore	20	J	S. Bernardin	20	D	S. Raoul
21	M	Se Agnès	21	S	S. Pépin	21	D	Rameaux	21	M	S. Anselme	21	V	Se Gisèle	21	L	ÉTÉ
22	J	S. Vincent	22	D	Reminiscere	22	L	Se Léo	22	J	Se Opportune	22	S	S. Émile	22	M	S. Paulin
23	V	S. Raymond	23	L	S. Florent	23	M	S. Victorien	23	V	S. Georges	23	D	Trinité	23	M	S. Jacob
24	S	S. Timothée	24	M	S. Mathias	24	M	S. Gabriel	24	S	S. Gaston	24	L	Se Angèle	24	J	S. Jean-Bapt.
25	D	Septuagés.	25	M	S. Léandre	25	J	Annonciat.	25	D	S. Marc	25	M	S. Urbain	25	V	S. Prosper
26	L	Se Paule	26	J	S. Nestor	26	V	S. Emmanuel	26	L	S. Marcellin	26	M	S. Phil. de N.	26	S	S. Maixent
27	M	S. J. Chrysost.	27	V	Se Honorine	27	S	Se Lydie	27	M	S. Frédéric	27	J	Fête-Dieu	27	D	S. Fernand
28	M	S. Charlema.	28	S	S. Romain	28	D	PAQUES	28	M	S. Aimé	28	V	S. Germain	28	L	S. Irénée
29	J	S. Fr de Sales	29	D	Oculi	29	L	S. Jonas	29	J	S. Robert	29	S	S. Maximin	29	M	S. P. S. Paul
30	V	Se Martine	C. s. 25. I. r. 1. L. d. DC.			30	M	S. Amédée	30	V	S. Maxime	30	D	S. Ferdinan.	30	M	S. Martial
31	S	Se Marcelle	N. d'or 11. Épacte 19.			31	M	S. Benjamin				31	L	Se Pétronille	Deberny & Peignot, Paris		

EN CAS D'INCENDIE, ASPHYXIE, NOYADE, ÉLECTROCUTION, ACCIDENT...
TÉLÉPHONEZ IMMÉDIATEMENT. LES SECOURS DES POMPIERS SONT GRATUITS.

Les pompiers

Dans le mouvement associatif

Les organismes parallèles

L'est et le nord de la France créent, dès la Restauration, des musiques de pompiers. Thann en 1825, Mulhouse en 1827, Lille en 1837, Strasbourg en 1845. Nombreux sont les musiciens pompiers qui ne prenaient pas une part active contre les incendies, mais restaient inscrits pour bénéficier de la protection d'une société de secours mutuel. Ceux de Grenoble, en 1902, se font rappeler par leur capitaine qu'ils sont pompiers avant d'être musiciens. Le décret de 1903 leur donne gain de cause en établissant que les corps de musique attachés aux pompiers ne compteront plus dans l'effectif opérationnel.

La situation apparaît très différente en ce qui a trait aux sociétés de tir et de gymnastique. Il faut attendre la IIIe République pour que tir et gymnastique prennent leur essor. Il faut une jeunesse aguerrie et prompte à porter les armes, la gymnastique étant synonyme de préparation militaire. L'idée de créer des liens entre les corps de pompiers, puis de les fédérer, fait son chemin. Grâce au capitaine Charles Michel, de Vailly (Aisne), un projet de fédération nationale aboutira, malgré les réticences des pouvoirs publics qui redoutaient une collusion séditieuse de Gardes nationaux. Finalement, la nouvelle fédération fêtera son 100 000e adhérent en 1911. Il semble qu'au début du XXe siècle le ciment de l'associativité ait pris dans tout le pays.

Les concours de pompes

La raison d'être des concours de pompes se veut le service des intérêts de la corporation. Le 8 octobre 1854, à Melun, 203 concurrents provenant de 21 subdivisions et compagnies participent au premier concours de pompes organisé en France. Sept cents autres sapeurs assistent aux épreuves. *Le Moniteur des sapeurs-pompiers* signale 6 concours en 1869, 13 en 1882 et 34 en 1891. La pratique se généralise sous la IIIe République, la Fédération organisant des compétitions ouvertes aux compagnies de la France entière et même de l'étranger. *Le Moniteur des sapeurs-pompiers* pria ses correspondants de rendre compte des *« réunions sous l'aspect technique et non comme s'il s'agissait d'un simple spectacle »*. En fait, des compagnies ne présentent que des concurrents parfaitement préparés et aguerris, les autres ne maîtrisant que la pratique du balancier de pompe.

En se généralisant, les créations de compagnies locales de sapeurs-pompiers commencent à prêter le flanc à la critique. Le *Journal des sapeurs-pompiers* de 1906 reproduisit ce sentiment :

« Il n'y a pas d'institution répondant mieux aux sentiments intimes du peuple, à son goût pour les choses de l'armée, pour l'uniforme, pour le plumet et la parade. [...] *Que de sous-officiers, que de soldats, à l'expiration de leur congé, s'enrôlent allègrement dans une compagnie de pompiers, y voyant comme une continuation du régiment. On a payé sa dette à la grande patrie, on n'hésite pas à offrir son dévouement à la petite, à sa ville, à son village, à son pays natal. »*

Il y aurait trop de corps *« créés pour la parade, pour aller au concours, ou pour permettre de prendre du galon »*. Vers 1900, un officier cévenol a résumé ce mélange des sentiments : *« Les pompiers sont avant tout défenseurs de l'ordre, pas un gredin n'est dans leurs rangs, la fièvre des partis n'a jamais pu les mordre, ils ne sont ni rouges, ni blancs. Mais si menaçants à nos portes nous avions encore l'étranger, on verrait leurs fières cohortes courir au-devant du danger. »*

Le refrain des *Pompiers de Nanterre* représente l'illustration la plus accomplie. Le côté militaire sans posture martiale, le procédé comique accentuant le caractère dérisoire.

« Quand ces beaux pompiers vont à l'exercice,
Pleins de noble ardeur, faut les admirer.
Ils embrassent d'abord leur femme et leur fils,
Puis sans murmurer,
Dans Nanterre, ils vont manœuvrer.
Les beaux militaires
Que ces pompiers-là. »

Avec les dispositions réglementaires uniformisant l'activité, c'est toute une réputation qui est à refaire après la Première Guerre mondiale. Rajeunissement et rénovation de l'image de marque de la corporation deviennent urgents. On pouvait encore lire dans *Le Sapeur-pompier de Picardie*, cette diatribe attribuée à un officier au début du XXe siècle : *« Pourquoi se tenir sur les rangs le foulard ou le cache-nez au cou, les uns la cigarette à la bouche quand ce n'est pas la pipe et d'autres sans maintien les mains dans les poches. À quoi rime, lorsqu'il fait mauvais temps, le pantalon d'uniforme dans les chaussettes faisant office de jarretières. Est-il sérieux de la part d'un pompier sur les rangs de tenir un parapluie d'une main et de conduire un enfant de l'autre ? »*

POMPIERS EN CHANSON

À la fin du XIXe siècle, le pompier apparaît dépassé par le progrès et la modernité. C'est devenu une figure dont la représentation populaire reste immuable. C'est à partir du Second Empire que les caricaturistes se déchaînent.

POMPIERS ET CLERGÉ

Que dire des luttes incessantes à partir de l'avènement de la IIIe République entre le clergé et les compagnies de pompiers ? Les curés ont pressenti un danger imminent lorsque les jeunes hommes ont préféré la fréquentation dominicale des terrains de manœuvre à la fréquentation de l'église. Ils ont eu beau multiplier les initiatives locales en favorisant les chorales ou les troupes de théâtre, rien n'y fit vraiment. Il ne leur restait que les jeunes filles !

Un épisode aussi burlesque qu'extravagant a animé la ville d'Oyonnax (Ain) le 26 juillet 1931 démontrant à quel point les pompiers avaient d'ardents supporters. La presse locale a titré alors : *« Les pompiers d'Oyonnax submergent les troupes de l'évêque de Belley ! »*

« On a frôlé l'excommunication de René Nicod, le maire d'Oyonnax ! Si le Saint-Siège n'a pas été remué par tant d'émotions, la guerre civile a été évitée de justesse, tout de même !

Ce 26 juillet est un grand jour pour tous les patronages du diocèse de Belley qui ont délégué leurs meilleurs représentants au concours gymnique d'Oyonnax. Le programme est édifiant : un défilé de plusieurs centaines de personnes doit sillonner la ville, de l'église jusqu'au stade de l'Avenir, dans la plaine. Le maire, René Nicod, investi du pouvoir de décision finale, refuse cet itinéraire et aménage un nouveau parcours plus réduit qui part de la gare, lieu, convenons-en, particulièrement profane et dénué de sens symbolique et spirituel.

Le premier magistrat est confronté au refus catégorique de l'évêque et se prépare à l'épreuve de force. C'est la lutte de l'Église contre l'État laïc. Tous les ingrédients de l'incident majeur sont réunis. Qu'à cela ne tienne. René Nicod compte sur ses sapeurs-pompiers pour refroidir les ardeurs des défilants ! Une pompe Berliet de 500 litres de capacité est installée au lieu-dit Le Cassis, la pompe aspirante-refoulante Mieusset est en faction au café de l'Aurore Sociale, le bien nommé. À la sortie de l'office, le défilé se met en place devant l'église. Le congrès s'ébranle peu à peu, atteint sans encombre Le Cassis quand soudain le clairon sonne "l'appel de l'eau". [...] Les enfants sont épargnés, tous les autres congressistes sont noyés sous l'offensive des pompes ! C'est l'émeute, la consternation, l'exaspération est à son comble. Le fléau républicain, laïc, irrévérencieux, traque sans répit les suppôts de l'obscurantisme militant et calotin. [...] Bref, chacun y perd son latin et tout le monde, dans un affreux mélange de rancœurs partisanes, dépasse les bornes et propage une violence inattendue. Les athlètes dégainent leurs canifs et se mettent à taillader les tuyaux des pompiers. Les habitants ulcérés prennent le parti de leurs braves sapeurs. À bout de souffle, les édiles en appellent aux gardes mobiles. Mal leur en a pris. On sort les rasoirs pour sectionner les jarrets des chevaux. Résolus, les patronages poursuivent leur avancée en ville quand ils sont soudain confrontés à la Mieusset, stationnée devant le café de l'Aurore Sociale. C'est alors qu'un incident aussi cocasse qu'inattendu vient exaspérer le climat déjà tendu : un des pompiers de service sentant le danger imminent s'impatiente de ne pas voir arriver l'eau au bout de sa lance. "Allons donc jeter un coup d'œil au fond du trou du tuyau..." *Et c'est alors que l'eau se met à jaillir avec force, noyant copieusement le servant qui n'en peut mais et lâche tout au milieu de la chaussée ! En liberté, la lance se met à serpenter en attaquant l'adversaire de front ! C'est la débandade dans la rue. Au passage, la lance en folie moissonne même, comble d'ironie du sort, la terrasse du café d'en face, ardent supporteur de l'évêque !*

Les belligérants s'éteignent peu à peu, chacun ayant le sentiment d'avoir remporté cette manche. René Nicod y gagnera de ses adversaires le surnom de "Nicod la pompe". Il n'en sera pas moins réélu aux prochaines élections municipales ! »

Le casque

Protection emblématique des pompiers

Aujourd'hui, au cœur d'images foisonnantes de catastrophes portées par les médias, on reconnaît d'emblée les sapeurs-pompiers grâce à leurs casques. L'usage de la protection de tête a longtemps oscillé entre la parade et la nécessité de se protéger. Emblème des regroupements d'hommes volontaires pour assurer la sécurité de leurs compatriotes, le casque était un objet d'admiration lors des défilés, reflétant à la fois la lumière et l'appartenance de son porteur à une catégorie enviée. En tôle, en laiton, en acier chromé, avec des plumets, des chenilles, des cimiers ou des plaques ouvragées, le casque fut un signe distinctif qui faisait la fierté des uns et forçait l'admiration des autres.

Le casque a toujours nourri d'abondants commentaires associés au quotidien des sapeurs-pompiers : *« Et à la fin, le capitaine des pompiers en pleura plein son casque ! »* Plus respectueux des traditions, il est inculqué aux jeunes recrues que l'on ne doit pas fumer sous le casque, en mémoire des camarades morts au feu.

Dès la fin du XVIIIe siècle, les recommandations du pouvoir central portaient sur la protection de la tête, à défaut de tout autre équipement préconisé. Ce fut l'apparition, même dans les corps ruraux composés de volontaires, de casquettes en tôle vernie, parfois peinte, avec la possibilité d'y adjoindre une plaque de cuivre d'identification du corps. Puis, à partir de 1830, les communes les mieux pourvues adoptèrent pour leurs officiers le casque en laiton et carotte en crin, tandis que d'autres conservèrent le shako de la Garde nationale. En 1855 apparut un nouveau modèle de casque à visière fixe, orné d'un bandeau avec la grenade, le bûcher et les armes de la ville. Un protège-nuque amovible était en deux parties. Entre 1885 et 1895, la forme du casque évolua et se rapprocha du futur casque militaire de type Adrian qui équipera l'armée française à partir de 1915 : nickelé et plaque dorée pour l'officier, laiton et plaque nickelée pour le sous-officier, casque et plaque en laiton pour le sapeur. Ce sera le modèle de 1933, plus dépouillé, qui va prévaloir jusqu'à l'apparition du casque Gallet en 1986.

Casque en laiton et carotte et chenille en crins. Modèle Louis-Philippe. 1821.

Shako de la Garde nationale, plaque au coq et hausse-col en laiton de 1830 et casque laiton à chenille et carotte en crins, modèle 1852.

8 MAISON A. GIROULT.

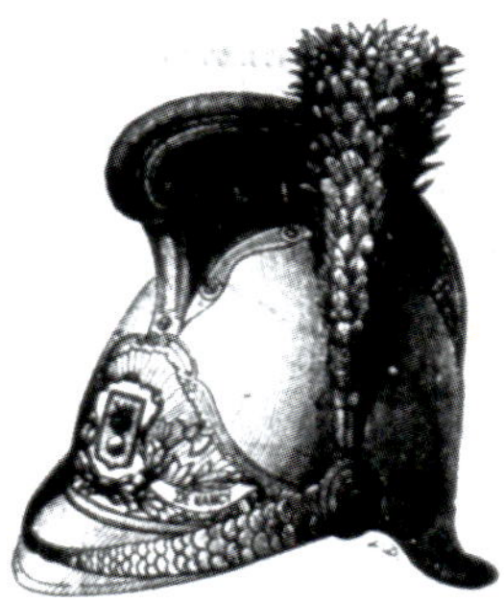

CASQUE MODÈLE ACTUEL DES POMPIERS DE PARIS

Casques modèle **actuel** des sapeurs-pompiers de Paris, en cuivre fort, plaque **à écusson** à grenade au nom de la ville ou de la commune, jugulaires cuivre........ .... 10 et 10 50

Pour les villes qui veulent avoir la plaque à écusson à leurs armes, il y a augmentation de 50 c. à 1 fr., suivant la gravure et la quantité de casques demandés.

Plumet rouge à ressort, avec olive laine rouge................. 1 50

CASQUES D'OFFICIERS

Casque doré, modèle actuel de Paris, dorure au **mercure** garantie.. 80 et 90 »
Le même, bonne dorure **à la pile**.......................... 65 »
Casque bruni, façon or, modèle actuel de Paris........ 20 et 23 »
Plumet vautour extra, et olive **or fin**.............. 10 et 12 »
— et **olive** or mi-fin...................... 6 et 7 »
Casque poli, modèle actuel de Paris, cuivre fort.............. 14 »
Plumet rouge **et olive** or mi-fin.............................. 3 »
Etui en **bois**, avec intérieur en peau, pour casque........... 18 »

CASQUE DE PETITE TENUE OU D'INCENDIE

Casque, modèle de Paris, **bombe fer poli**; cimier, plaque et jugulaires en cuivre poli .... 16 et 18 »

MAISON A. GIROULT. 9

CASQUE ANCIEN MODÈLE AVEC CHENILLE

Casque, **ancien modèle**, à double visière, avec chenille crin noir, plaque au nom de la ville ou de la commune, mentonnière cuir .... 10 »

Pour les villes qui désirent avoir la plaque à écusson à leurs armes, il y a augmentation de 50 c. à 1 fr., suivant la gravure et la quantité demandée.

Aigrette crin rouge, et olive laine bleue........................ 1 50
Plumet rouge et tulipe cuivre..................................... 2 50

CASQUES D'OFFICIERS

Casque doré, ancien modèle, avec chenille crin de choix ; bonne **dorure mercure**.. 85 »
Le même, bonne **dorure à la pile**........................ 65 »
Casque bruni, ancien modèle, avec chenille crin de choix..... 20 »
Le même, **poli**... 13 »
Plumet vautour et tulipe dorée.................. 10 et 12 »
— — — brunie...................... 7 et 8 »
Aigrette poils de chèvre et tulipe brunie..................... 3 50

CASQUE DE PETITE TENUE OU D'INCENDIE

Casque ancien modèle, **bombe fer poli**, cimier, plaque et jugulaires cuivre.. 16 »

Extrait du catalogue de la maison A. Giroult de Paris, en 1910.

SAPEURS POMPIERS

Depuis 1970, les pompiers de Paris effectuaient des essais d'amélioration du casque modèle 1933. En 1981, ils mirent au point un cahier des charges adapté à leurs besoins. Adrien Gallet, de Châtillon-sur-Chalaronne, dans l'Ain, développa une idée d'écran oculaire de protection contre les projections et d'écran facial doré de protection thermique. Avec la collaboration d'un ancien sculpteur, M. Decamp, il conçut la forme nasale de l'écran facial. En 1986, les sapeurs-pompiers de Paris adoptèrent le modèle dit F1. Le modèle F2, plus léger, spécialisé pour les feux de forêts fut lancé en 1991.

SAPEURS

Rétrospective des uniformes en service dans le département de l'Ain de 1830 à 1994. De gauche à droite : sapeur, petite tenue, 1830 ; sapeur, tenue de feu, 1852 ; sapeur, porte-hache, 1860 ; sergent, tenue de feu, 1855 ; caporal, petite tenue, 1870 ; lieutenant, grande tenue, 1887 ; sergent, tenue d'exercice, 1887 ; sous-lieutenant, grande tenue, 1895 ; clairon, tenue de sortie, 1920 ; sapeur, tenue de feu, 1935 ; caporal, tenue de sortie, 1930 ; lieutenant, tenue de feu, 1955 ; sergent-chef, tenue de sortie, 1960 ; sapeur, tenue de feu, 1980 ; lieutenant, tenue de sortie, 1994 ; sapeur, tenue de feu, 1994. (© Centre de secours principal de Bourg-en-Bresse)

La vie en rouge

Tous les petits garçons ont souhaité à un moment ou l'autre posséder un camion rouge, celui des pompiers, chevaliers des temps modernes. Pourquoi cet attachement à la couleur rouge ? La réponse n'est pas dénuée de références historiques. Rien n'est plus trompeur que l'entassement dans les travées des musées d'engins d'incendie impeccablement repeints en rouge, éclatants, flamboyants. Avant les années 1890-1900, le rouge n'était pas la couleur d'origine. Le choix de la couleur distinctive a été fixé par les pompiers de Paris en 1885. Nous reviendrons sur les raisons de ce choix.

Avant 1885, à l'époque des chariots hippomobiles, porteurs de pompes, de matériel et d'équipages, on trouvait des engins en bois naturel, passés au brou de noix ou vernis. Nombreuses étaient les pompes portées ou à bras associant le noir et le vert foncé, couleurs des équipages du génie militaire royal qui fournit, après réforme, les premiers chariots aux corps de sapeurs-pompiers.

En fait, les Britanniques furent les initiateurs du choix du rouge vermeil par les pompiers de Paris. Le rouge est la couleur de la royauté britannique, visible notamment sur son drapeau et sur la tunique de la Garde royale, sans parler des célèbres cabines téléphoniques ! Dès 1885, des échelles rouges, très visibles, étaient à disposition du public dans les grandes villes pour procéder aux premiers sauvetages. La première autopompe affectée à un corps de pompiers, en 1903, par la firme Merryweather, a lancé l'engouement pour le « tout rouge ». Paris, Mulhouse et Lyon importèrent à la fin du XIXe siècle des pompes à vapeur du Royaume-Uni, engins de grand prestige peints en rouge, associé au cuivre des pompes et cuves. En 1886, Paris importa également cinq échelles aériennes peintes en rouge. Le rouge vermeil fut adopté pour tout le parc d'engins parisiens.

Aujourd'hui, une réflexion est engagée au sein des sapeurs-pompiers, afin de diversifier la couleur des engins pour des raisons de sécurité et de visibilité. Certains préconisent le jaune fluo très visible par temps de brouillard, dans la fumée ou, surtout, sous les éclairages publics urbains contemporains qui ont la propriété de dénaturer la couleur rouge des engins d'incendie et de secours.

Pompes hippomobiles avant l'adoption du rouge vermeil. Vers 1870.

CV-248-RK

MAN
CC-051-GS

SDIS du CHER
112
18

La question du volontariat

Une double vie à double tranchant

Nous avons évoqué qu'il a fallu attendre de grandes catastrophes nationales pour que l'on prenne conscience, enfin, de la nécessité de renforcer les moyens de protection collective. Les secours se sont développés à grand renfort de volontaires et de bénévoles. Nous observons une dichotomie entre discours et réalité, propagande pro-volontariat et discours de valorisation sur ces hommes et ces femmes qui doivent concilier vie familiale et vie professionnelle, au détriment du temps de loisirs, au profit de la collectivité. La double motivation qui anime les volontaires réside dans le service rendu à la collectivité et la participation citoyenne.

Il était nécessaire de réclamer un statut, ce qui est fait, d'obtenir une formation de qualité et une reconnaissance nationale des qualités humaines et morales des volontaires. Le chemin à parcourir est long pour rejoindre l'état d'esprit de la « famille sapeur-pompier ». Pour les jeunes des banlieues et quartiers sensibles qui découvrent les difficultés d'emploi, la délinquance, pour ceux qui sont en quête de référence, le volontariat constituerait un tremplin d'intégration, un cadre d'insertion et un lieu d'exemplarité exceptionnels.

80 % des interventions sont des secours à personne pour des personnels qui ont souvent déjà effectué une journée de travail. Cela implique une tension assimilable au stress qui implique une prise de risques et une moindre efficacité liées à un entraînement souvent trop superficiel. Comment informer et former les recrues sapeurs-pompiers volontaires en fonction de leur temps libre ? Comment répéter les manœuvres qui conditionnent le réflexe, le geste qui sauve ? Il est nécessaire de mettre en adéquation le Code du travail et le règlement de fonctionnement des sapeurs-pompiers, mais aussi des collectivités employeuses publiques ou privées. Les sapeurs-pompiers volontaires ne sont-ils pas des travailleurs mis en face de situations toujours nouvelles à affronter ? Il est temps de mettre en œuvre des analyses de ces conditions de travail si particulières.

Apparentées à un grand incendie d'espaces industriels, ces évocations montrent la précipitation et le désarroi des sauveteurs.

De tout, un peu...
Passage de l'empirisme à l'expérience

Quelques images de transition entre l'âge d'or des compagnies de pompiers et les missions de haute technicité qui leur incombent aujourd'hui.

Un exemple de tactique et de moyens mis en œuvre lors d'un grand feu industriel.

Cette image symbolique porte toutes les représentations associées à l'image des sapeurs-pompiers.

Le feu d'appartement tant redouté dans la crainte que des victimes soient prisonnières des fumées et des flammes.

Destruction du savoir par le feu. Incendie de la bibliothèque de l'université Lyon 2 le 12 juin 1999. Cinq mille ouvrages précieux sur 140 000 sauvés par la chaîne des sapeurs-pompiers, dont la très rare encyclopédie de d'Alembert et Diderot, après cinq heures de lutte.

sides

La cause des femmes

Tant que les compagnies de sapeurs-pompiers n'étaient formées que d'hommes du bâtiment, professions d'ailleurs fermées aux femmes, la question de la féminisation des corps de pompiers ne se posait pas. L'évolution des techniques, des mœurs et les revendications paritaires ont modifié le cours des choses.

Des secouristes, simples citoyennes, ont proposé leur candidature dès les années 1970. Les services départementaux d'incendie et de secours ne pouvaient donner suite à leurs demandes, faute de textes légaux.

En 1973, le maire de Barentin (Seine-Maritime) incorpora une jeune femme en tant que volontaire dans sa compagnie communale de pompiers. Françoise Mabille fut ainsi la première femme sapeur-pompier de France.

Une campagne nationale de presse amena le ministre de l'Intérieur à reconnaître le volontariat féminin. Ce n'est que le 25 octobre 1976 qu'elles furent admises dans les rangs des professionnels.

En février 1977, la Seine-et-Marne recruta la première femme volontaire et la première professionnelle le 1er septembre de la même année. En 1978, 54 % des départements avaient du personnel féminin dont douze médecins et deux pharmaciennes volontaires. Le 1er septembre 1980 voit le premier médecin capitaine professionnelle féminin nommée à Lyon, chargée de la surveillance d'environ 1600 sapeurs-pompiers, sans compter l'animation de l'activité des médecins du Samu et l'accompagnement dans les ambulances.

D'emblée, le personnel féminin a revendiqué sa place dans les équipes d'intervention, refusant d'être confinée à des tâches bureaucratiques.

Les femmes sapeurs-pompiers sont aujourd'hui en France environ 35 000, soit un sapeur-pompier sur sept et 14% des effectifs civils. Les recommandations sont strictes : cheveux attachés, maquillage absent ou léger, pas de vernis à ongles ni bijoux.

Au milieu des années 1990, les sapeurs-pompiers commencent à prendre conscience de leur arrivée, contournant les préjugés du milieu. L'entrée des femmes a été précédée par la circulaire du 15 novembre 1976, mais le mouvement fut lent à s'esquisser. Les remarques étaient toutes de la même veine : « Une femme sur un incendie, elle n'a rien à y faire. Elle n'est pas faite pour cela. C'est rien de bon. Il faut laisser certaines choses aux hommes. » L'apparition des femmes et par conséquent la mixité des corps de sapeurs-pompiers entraînent, au début, une division des tâches qui favorise des comportements relationnels nouveaux avec les victimes et les collègues, de l'écoute, des capacités d'accueil appréciées, de l'empathie.

Au total, en 2002, sur environ 240 000 sapeurs-pompiers civils volontaires ou professionnels, les femmes sont présentes partout. Les corps militaires de Paris et de Marseille ont accueilli dès l'an 2000 des femmes engagées en tant que sapeurs-pompiers. Néanmoins, les sapeurs-pompiers sont moins perméables à la mixité que la police ou l'armée. Les stéréotypes de sexe apparaissent presque à l'état brut ! La fin du XXe siècle a tout de même marqué un progrès majeur et essentiel dans l'accueil du personnel féminin dont l'apport n'est plus contesté.

Aujourd'hui, la question ne se pose plus. Même les militaires de la brigade des sapeurs-pompiers de Paris et le bataillon des marins-pompiers de Marseille sont largement féminisés. L'École nationale supérieure des officiers de sapeurs-pompiers (ENSOSP) forme chaque année un fort contingent de femmes, dont certaines ont accédé aux plus hautes fonctions.

Nathalie Dhennin, pompier de Tours Nord Agglo.

« *Je suis entrée en tant que concierge au garage des pompiers en 1976. C'est moi qui réceptionnais, à cette époque, les appels et qui déclenchais la sirène. La nuit, je devais être présente. Quand je passais l'aspirateur, j'avais une oreille collée au téléphone ! En 1982, je suis vraiment rentrée chez les pompiers. J'assurais la réponse au "18" et j'étais à l'écoute des radios opérationnelles. Je m'occupais du secrétariat et des engagements. Et cela a duré jusqu'à mon départ à la retraite en 2000. J'ai été la "bonne mère" pour tous les pompiers de Carry !* »

Marie-Thérèse Sembolini, compagnie de pompiers de Carry-le-Rouet.

Des visionnaires profondément humanistes

La Fédération nationale des sapeurs-pompiers de France compte trois présidents d'honneur : le colonel Bernard Janvier, le colonel Daniel Ory et le colonel Richard Vignon. À eux trois, ils ont œuvré de 1989 à 2012 au façonnage et remodelage des structures de l'activité des techniciens du risque. Ils n'ont jamais perdu de vue que la population française restait farouchement attachée à « ses » pompiers locaux, même si les corps professionnels, minoritaires, détiennent l'essentiel des clés des secours aux biens et aux personnes. On leur adjoindra le colonel Éric Faure qui a repris leur flambeau.

Colonel Bernard Janvier : la « fibre pompier » chevillée au corps

Bernard Janvier est une « graine de l'Ain », héritier des valeurs humanistes de Jean, son père, lui-même ancien officier de sapeur-pompier volontaire à Bourg-en-Bresse. Durant sa carrière, Bernard Janvier a été, entre autres responsabilités, directeur des services d'incendie et de secours de la Drôme, de la Seine-Maritime, des Yvelines et du Grand-Lyon. Sa promotion majeure fut sa nomination à la tête de la puissante Fédération nationale des sapeurs-pompiers de France de 1989 à 1997, ne reculant jamais devant les offensives collectives et spectaculaires pour faire triompher la cause légitime des pompiers de France.

Il fut l'homme des réformes décisives de la fin du XXe siècle : protection sociale des pompiers volontaires, déblocage de 2000 postes de sous-officiers, loi du 3 mai 1996 sur la départementalisation et le développement du volontariat, création du Comité fédéral d'histoire des pompiers. Il fut promu dans l'ordre de la Légion d'honneur en 1996. Épris d'histoire et de traditions, il a fondé le Comité national d'histoire des sapeurs-pompiers de France.

Colonel Daniel Ory : un humaniste épris d'union, de fraternité et de générosité

Le colonel Daniel Ory a choisi le département de l'Ain et tous les habitants l'ont immédiatement adopté. Chez les Ory, on est pompier de père en fils. Le colonel Ory a effectué son service national à la brigade des sapeurs-pompiers de Paris et a rejoint Bar-le-Duc, sa ville natale, où il exercera son premier commandement… et pas le dernier ! Directeur des services d'incendie et de secours de la Haute-Saône, il exercera ensuite dans l'Ain jusqu'à la fin de sa carrière toute entière tournée vers la vie associative et le développement exemplaire des valeurs humanistes. Il succède à Bernard Janvier à la tête de la Fédération lors du congrès national de Lyon en 1997. Profondément enflammé (!) par sa mission, il installera les pompiers de France dans un espace dédié, à Paris, où s'élaboreront les extensions de l'œuvre des orphelins et de la mutuelle nationale, entre autres. Daniel Ory est officier dans l'ordre national du Mérite et chevalier dans celui de la Légion d'honneur.

Colonel Richard Vignon : premier sapeur-pompier de France à être nommé préfet

Sa carrière de sapeur-pompier professionnel a conduit le colonel Vignon aux six coins de l'Hexagone. Il a ainsi pu démontrer sa volonté de participer pleinement à la vie de la société et à l'investissement personnel associatif. Élu président de la Fédération nationale en 2003, il a pu donner la pleine mesure de ses engagements : *« Cette institution est un formidable outil de réflexion et de proposition grâce auquel il devient possible de peser sur l'avenir de la sécurité civile et d'œuvrer à son amélioration. »*

Président de la Fédération de 2003 à 2012, le colonel Richard Vignon a été nommé en conseil des ministres préfet délégué pour la sécurité et la défense auprès du préfet de la région Lorraine en date du 14 septembre 2011, préfet de la zone de défense et de sécurité Est et préfet de la Moselle, ce qui fait de lui le premier sapeur-pompier à intégrer ce prestigieux corps d'État. La Fédération nationale devient un pilier à part entière et y voit « une reconnaissance historique ». La sécurité civile devient une politique publique de premier rang.

Colonel Éric Faure

Nommé président de la Fédération le 15 octobre 2011, réélu le 28 septembre 2012, puis le 24 septembre 2015, le colonel Éric Faure est directeur du service départemental d'incendie et de secours de Seine-et-Marne.

D'abord sapeur-pompier volontaire dans le Rhône de 1977 à 1987, puis professionnel en Saône-et-Loire, il devient directeur départemental adjoint de Haute-Savoie, directeur départemental de l'Aube, puis des Vosges, et rejoint la Seine-et-Marne en 2012. Il a travaillé sur les dossiers fédéraux de la formation et a présidé la commission fédérale des directeurs départementaux des services d'incendie et de secours. *« J'ai tenu à rendre aux sapeurs-pompiers ce qu'ils m'ont donné, en toute simplicité. »*

Les axes de son action de 2015 à 2018 : la défense du volontariat, la valorisation des professionnels, le souci d'améliorer la cohérence de la communauté des sapeurs-pompiers, le soin apporté au respect de la dignité des populations frappées par les catastrophes…

La Maison des sapeurs-pompiers

Réuni le 12 juin 1955, le Conseil fédéral a décidé de créer à Paris la Maison des sapeurs-pompiers et a lancé une souscription nationale par la voix du lieutenant-colonel Collinet, président, à la tête de 250 000 sapeurs-pompiers (déja !). Enfin, c'est lui qui le dit ! En fait, les pompiers de France inscrits à la Fédération sont en réalité 158 000 !

Plus que de la prémonition, c'est un acte de foi dans la valeur morale de ceux qui, à sa suite, prendront le relais de la modernisation des structures de la Maison des sapeurs-pompiers. Et cette prémonition va s'avérer judicieuse. En 1997, c'est le colonel Daniel Ory qui vient d'être élu et qui va s'employer à donner corps au vieux projet de la Maison du sapeur-pompier. L'idée du colonel est claire. Il lance une souscription, afin que tous les pompiers de France fassent une acquisition collective et se sentent un peu propriétaires de leur résidence parisienne. Le conseil d'administration du 25 novembre 1999 entérine l'achat de l'immeuble du 32 de la rue Bréguet. Le colonel Ory est aux anges. Dans ces murs seront abrités l'Œuvre des pupilles (les orphelins), la Mutuelle, le Comité technique international du feu, la société européenne de médecine des sapeurs-pompiers et, selon la volonté du colonel Daniel Ory, chaque pompier y aura accès pour renforcer les liens d'associativité.

Le colonel Daniel Ory a donné corps à un projet de 1955 et a permis de mettre en exergue les signes de fidélité et de solidarité qui unissent les pompiers de France.

DANJONS
18
MAN
DD-246-CR
DANJONS

VIC
SAPEURS POMPIERS DU CHER
VEHICULE INTERVENTION CHIMIQUE
www.sdis18.fr
DANJONS
CY-715-BX
6474TZ18

CR-529-MV

Conclusion

La refonte des structures et la rigueur de la formation sont allées de pair avec une diversification très poussée des missions. Au vu de leurs effectifs, les sapeurs-pompiers volontaires forment toujours l'épine dorsale des secours en France. La Fédération nationale des sapeurs-pompiers de France lutte sans relâche depuis les années 1990 pour qu'un statut des sapeurs-pompiers volontaires soit enfin reconnu et que leur mise à disposition par leurs employeurs respectifs se fasse sans dommage pour les uns et les autres. Leur effectif a fondu depuis un siècle et demi. La question des coûts, les résistances administratives, la modestie des dédommagements accordés aux volontaires, la mobilité professionnelle et géographique des familles d'aujourd'hui ne facilitent pas le maintien du volontariat sans *turn-over* important. La formation est chronophage et, il faut bien le dire, la désaffection pour le service dans l'intérêt général font que les volontaires ont laissé la place à leurs collègues professionnels dans l'imagerie populaire. Pourtant, il y a la nécessité incontournable d'un réseau de ressources humaines de proximité.

La permanence des associations de Jeunes Sapeurs-Pompiers (JSP), formés dès l'âge de 8 ans au sein des casernes, est un gage d'espérance, mais trop vite annihilé par la dispersion due aux études. La création de classes Jeunes Sapeurs-Pompiers au sein des établissements scolaires serait une initiative salutaire qui porte ses fruits là où elles existent.

Il n'empêche que le fondement même de la construction du métier de pompier au fil des deux derniers siècles a bien été l'éclosion de l'associativité laïque souvent développée en réponse à la mainmise des institutions religieuses sur la jeunesse locale. Cette associativité d'abord farouchement masculine, d'essence militaire, s'est peu à peu ouverte aux femmes, ce qui a permis à la fois de renouveler les effectifs et d'apporter une sensibilité propice à la réussite d'interventions parfois complexes. Ce sont toutes ces lueurs d'espoir qui autorisent à penser que les efforts consentis par plusieurs générations d'élus locaux ne seront pas vains. L'harmonisation au plus haut niveau de l'État de la chaîne des secours est un impératif et les expériences de centres d'appel communs pompiers, secours médicaux, police, gendarmerie, ne résoudra pas la crise des effectifs, certes, mais laisse à penser que notre pays, en puisant dans l'histoire graduelle des progrès entrevus depuis deux cents ans, continuera à être cité en exemple.

EB-354-NY
18

Bibliographie

Les sapeurs-pompiers au XIXe siècle, Associations volontaires en milieu populaire, Hubert Lussier, L'Harmattan, 1987.

Histoire des sapeurs-pompiers français, Patrick Dalmaz, Collection Que Sais-Je ?, Presses universitaires de France, 1996.

« La lutte contre les feux de forêt », *Communication au premier colloque national d'histoire des sapeurs-pompiers*, Henri Amouric, Mâcon, 1996.

Courage et dévouement, FNSPF, Éditions Larrieu-Bonnel, 1970

Les soldats du feu de Cambrai, Capitaine Douay, Auto-édition, 1969.

Les sapeurs-pompiers de Dinan, Commandant Claude Corack, 1992.

Histoire des sapeurs-pompiers d'Annecy, Jean-Claude Lavorel, 2013.

Les sapeurs-pompiers de Chalon-sur-Saône, Joan Deville, Amicale des sapeurs-pompiers, 2001.

Sapeurs-pompiers, un siècle de prestige, Jacques Decloquement, François Bertin, Ouest France, 2003.

Le feu sacré, Joan Deville, Bertin et Courault, Ouest France, 1994.

Un homme, une flamme, Bernard Janvier, biographie, Lucien Djani, France partenaire, 1997.

Visions de braises, Service communication de la direction incendie et secours du Grand-Lyon, 1997.

Les textes fondateurs

Proclamation du roi concernant l'organisation judiciaire du 24 août 1790.

Circulaire de Montesquiou, 6 février 1815.

Décret du 29 décembre 1875 portant règlement d'administration publique sur l'organisation des corps de sapeurs-pompiers.

Décret du 10 novembre 1903.

Décret du 18 avril 1914.

Décret du 13 août 1925.

Décret du 6 mai 1988.

Projet de loi relatif au développement du volontariat dans les centres de sapeurs-pompiers.

Le régime des sapeurs-pompiers, Joseph Bouissou, 1911, Doctorat, Université de Toulouse.

Le statut des sapeurs-pompiers professionnels en droit français, Luc Corack, Rouen, 1995.

Sapeurs-pompiers à Bourg-en-Bresse 1802-2002, Association du bicentenaire.

Mémoires de braise – Les sapeurs-pompiers de Carry-le-Rouet, Patrick Dalmaz, Jean-François Bollut, Pierre Sabdès, 2006.

Au cœur du dévouement – Les sapeurs-pompiers des Bouches-du-Rhône, SDIS et Union départementale, 2002.

Feux de forêt, Rémy Michelin, François Blanc, Éditions Zéphyr, 2006.

Au-dessus de l'enfer – Histoire du combat aérien contre les feux de forêts, Michèle Garrigues, Albin Michel, 1997.

Les sapeurs-pompiers... croqués à chaud, René Drosne, EDI 18, 1998.

Retour de flammes – Les pompiers, des héros fatigués ?, Romain Pudal, La Découverte, n° 875, 2016.

« Le Sapeur-pompier », *Journal officiel de la Fédération des sapeurs-pompiers français*, Article volontariat, Bernard Balthazard.

Archives départementales de l'Ain et des Bouches-du-Rhône.

Archives municipales de Lyon, Marseille et Aix-en-Provence.

Le Progrès, *Le Dauphiné libéré* et *La Voix de l'Ain*.

sides
NIMOG
2150 L
1·887·TL 37

Remerciements

Merci au colonel Marcaillou et au capitaine Autissier d'avoir accepter d'ouvrir le centre de secours principal de Bourges Danjons au photographe Chanel Koehl.

Merci aux sapeurs pompiers présents pour leur accueil chaleureux.

Merci aux Musées des sapeurs-pompiers du Grand Lyon, de Thoiry dans l'Ain, de la BSPP et de Montville, aux brigades des sapeurs-pompiers de Paris.

Crédits photos

La collection personnelle de l'auteur a été enrichie grâce à un reportage photographique de Chanel Koehl effectué dans le centre de secours principal de Bourges Danjon.

© Chanel Koehl : couverture, pages 4, 6, 8, 10, 14, 68, 70, 73, 77, 76, 78, 92 96, 97, 99, 102, 103, 104, 106, 112, 118, 120, 122, 124 et 126.

Éditrice : Emmanuelle Delavalle

Éditions Sutton
6, place Jean Jaurès
37000 Tours

Première édition 4e trimestre 2017

Les Éditions Sutton bénéficient du soutien de Ciclic - Région Centre-Val de Loire dans le cadre de l'aide aux entreprises d'édition imprimée ou numérique.

ISBN 978-2-8138-1100-4

ISSN 1997-2533
Dépôt légal : 4e trimestre 2017

Imprimé par Printcorp (17110120)